LE PROCÈS
DE PIERRE BRULLY,

SUCCESSEUR DE CALVIN
COMME MINISTRE DE L'ÉGLISE FRANÇAISE RÉFORMÉE DE STRASBOURG.

Poursuites intentées contre ses adhérents à Tournay,
Valenciennes, Lille, Douay et Arras.

1544-1545.

D'APRÈS LES PAPIERS INÉDITS DES ARCHIVES DU ROYAUME
DE BELGIQUE,

Par Charles PAILLARD,
Lauréat de l'Institut de France.

(La première partie a été publiée dans les Mémoires de l'Académie royale
de Belgique. — Tome XXVIII.)

PARIS,
SANDOZ et FISCHBACHER,
LIBRAIRE-ÉDITEUR,
53, rue de Seine.

LA HAYE,
MARTINUS NIJHOF,
LIBRAIRE-ÉDITEUR,

1878

LE PROCÈS

DE PIERRE BRULLY,

SUCCESSEUR DE CALVIN.

（C）

LE PROCÈS

DE PIERRE BRULLY,

SUCCESSEUR DE CALVIN
COMME MINISTRE DE L'ÉGLISE FRANÇAISE RÉFORMÉE DE STRASBOURG.

Poursuites intentées contre ses adhérents à Tournay,
Valenciennes, Lille, Douay et Arras.

1544-1545.

D'APRÈS LES PAPIERS INÉDITS DES ARCHIVES DU ROYAUME
DE BELGIQUE,

Par Charles PAILLARD,
Lauréat de l'Institut de France.

(La première partie a été publiée dans les Mémoires de l'Académie royale
de Belgique. — Tome XXVIII.)

PARIS,
SANDOZ et FISCHBACHER,
LIBRAIRE-ÉDITEUR,
33, rue de Seine.

LA HAYE,
MARTINUS NIJHOF,
LIBRAIRE-ÉDITEUR,

1878

PRÉFACE.

Dans le cours de mes études sur les troubles religieux des Pays-Bas, je devais forcément rencontrer une personnalité intéressante, en même temps qu'être tenté de la remettre en lumière.

Cette figure est celle de Pierre Brully [1], successeur de Calvin comme ministre de l'église française réformée de Strasbourg, brûlé vif à Tournai le 19 février 1545.

Brully est en effet le premier théologien marquant qui soit venu prêcher les doctrines de la réforme dans la partie méridionale des Pays-Bas, à Tournay, à Valenciennes, à Lille, à Arras, à Douai.

---

[1] Et d'abord comment doit s'écrire le nom de celui qui va faire le sujet d° cette étude?

Il y a sur ce point deux systèmes, dont chacun a ses supports.

Les pièces provenant de Tournay, notamment les lettres des commissair e s et la sentence du 19 février 1545, désignent le prédicant sous les noms de Brulley, Bruslay, de Bruslay, et il faut avouer que cette manière d'écrire a de la valeur. Sans doute elle reproduit la désinence phonétique ; d'un autre côté, le ministre avait dû signer ses interrogatoires et les commissaires avaient cette signature sous les yeux.

Cependant j'ai adopté une orthographe différente et j'appelle notre prédicant : *Brully*.

Pourquoi? parce que telle est la forme adoptée par Crespin, et surtout parce qu'elle reproduit la signature apposée au bas de la lettre autographe du 18 février 1545, dont il sera question ci-après.

Or, par quels documents le connaît-on dans ces villes depuis trois siècles?

A ma connaissance, il n'est question de lui que dans les trois extraits que je vais citer :

Henri d'Oultreman, prévôt et historien de Valenciennes, dont le livre [1], publié en 1639 par son fils le R. P. Pierre d'Oultreman, jésuite, est classique dans le nord de la France, s'exprime sur le compte de Brully en ces termes aussi malveillants que pittoresques :

« Ceste année (1544) mérite d'être biffée des annales de ceste
» ville, pour y avoir conçeu la monstrueuse hérésie qui a terny
» son lustre et empesché que là en avant Valentienne n'ait dormy
» d'un bon somme. M⁶ Pierre Brully, prédicant de Strasbourg,
» fut le brouillon qui vint icy brouiller et semer sa pestilente
» ivroye, et, pour salaire de son impiété, led. Brully fut bruslé à
» Tournay le 20 [2] du mois de février en suivant. »

Le bourgeois de Valenciennes, Pierre de Navarre, dont la chronique manuscrite, datée de 1643, n'est le plus souvent qu'une paraphrase de l'histoire de d'Oultreman, consacre au prédicant strasbourgeois quelques mots bien ternes et bien pâles : « Pierre
» Brully, dit-il, l'at secondé (Pierre Maillotin, autre réformé) l'an
» 1544, qu'il fit plusieurs assemblées et sermons secrets tant de
» nuict que de jour, et fut le brouillon qu'il n'a rien espargné
» pour mettre la ville hors du repos, semant sa pestilente ivroye
» çà et là, et pour salaire de son impiété, ledit Brully fut du de-
» puis bruslé à Tournay, où pareillement il crooït planter sa
» mauvaise doctrine. »

---

[1] *Histoire de la ville et comté de Valenciennes.*
[2] Il y a erreur d'un jour.

Enfin Pontus Payen, avocat d'Arras, de qui les mémoires publiés en 1861 [1] ont été fort consultés, notamment par M. Llotrop Motley, consacre au ministre de l'église française réformée de Strasbourg quelques lignes où, tout en commettant nombre d'erreurs matérielles, il rend hommage à la pureté de sa vie :

« Il estoit, dit-il, grand amy de maistre Jehan Calvin, auquel
» il ne cédoit en éloquence et érudition, mais le surpassoit de
» beaucoup en modestie et tempérance de meurs, condition très
» rare entre les prédicans calvinistes et zuingliens. Il partit d'Al-
» lemagne où il avoit enseigné beaucoup d'années la doctrine
» de Zuingle, au grand contentement des sacramentaires qui
» l'avoient en admiration, et Me Jean Sledan faict de luy fort
» honorable mention en son histoire comme d'un second S. Pol.
» Et vint demeurer en la ville de Lille pour y enseigner sa doc-
» trine. Néantmoins, ne se trouvant conseillé d'y faire long séjour,
» à cause de la diligente recherche et pugnition exemplaire que
» le magistrat faisoit journellement des hérétiques, vint demeu-
» rer à Valenchiennes, où il sema son hérésie tout à son aise,
» faisant la presche ès maisons des plus riches marchans de la
» ville, de religion calviniste, qui l'avoient recoeullé fort libéral-
» lement. De Vallenchiennes vint demeurer en la ville de Tour-
» nay..... [2] »

Et voilà les seuls vestiges qui restent dans nos provinces d'un homme, dont la mission préoccupa fortement la cour de Bruxelles,

---

[1] Publication de la Société de l'Histoire de Belgique. M. Alexandre Henne, éditeur.

[2] Autant de mots, autant d'erreurs. Brully n'était pas « le grand ami » de Calvin, mais son très-humble disciple. Il n'était pas zwinglien, mais calviniste à la façon dont Calvin l'était lui-même en 1544. Il est faux que Jean Sleidan traite Brully de « second saint Pol » ; il se contente de retracer son arrivée à

dont la capture émut non-seulement les Pays-Bas, mais encore l'Allemagne, si lente à s'émouvoir à cette époque ! Les archives municipales de Valenciennes, de Lille, d'Arras, de Douay ne contiennent pas un mot sur son compte et il en est de même des archives départementales du Nord et du Pas-de-Calais.

J'ai espéré un instant, je l'avoue, pouvoir restituer *in integrum* cette intéressante figure, prendre Brully dans son adolescence, le suivre dans sa jeunesse, découvrir et exposer ses relations et les détails de sa vie privée. Pour cela, que m'aurait-il fallu ? une pièce seulement, son interrogatoire, car chaque interrogatoire important, relatif à un procès religieux, est, au XVIe siècle et dans les Pays-Bas, une sorte d'autobiographie tracée plus ou moins volontairement par le prévenu. Il ne faut pas croire en effet que l'instruction de l'affaire ait lieu suivant un cadre dont le magistrat soit libre de fixer les dimensions. Loin de là et voici comment l'on procède. Tous les papiers saisis chez ou sur le prévenu, les premières déclarations de celui-ci sont envoyés à Bruxelles. Le conseil privé s'en empare, les retourne en tous sens, les pressure, en extrait la quintessence et s'en sert pour rédiger un questionnaire, destiné à servir de guide au magistrat. Dans ce questionnaire, on remonte aussi haut que l'on peut dans la vie du « malsentant. » Quel héritage intellectuel tient-il de ses parents, quels

Strasbourg et les détails de sa capture. Il est inexact que Brully se soit fixé d'abord à Lille, puis à Valenciennes et enfin à Tournay. C'est précisément l'inverse qui est vrai. D'ailleurs cette expression : *se fixer*, ne convient nullement à Brully, qui ne séjourna dans les Pays-Bas que pendant six semaines environ (de la mi-septembre aux premiers jours de novembre 1544) et ne fit que traverser Valenciennes, Lille, Arras et Douay, Tournay restant son principal objectif. Enfin on verra plus loin que presque tous les prosélytes qu'il fit à Valenciennes étaient de simples artisans.

professeurs a-t-il suivis, quels livres a-t-il lus, quelles écoles a-t-il fréquentées, à quels amis s'est-il attaché? Voilà, avant d'arriver aux faits principaux et motivant immédiatement le procès, les préliminaires obligés [1], et l'on comprendra facilement quel secours de semblables documents peuvent prêter à l'historien et au biographe.

Cette pièce n'a été trouvée ni à Bruxelles ni à Tournay, malgré les recherches les plus consciencieuses et les plus persévérantes. Il est donc fort probable que longtemps encore, toujours peut-être, les renseignements sur Brully resteront incomplets, mais que faire à cela? Tel est le sort des chercheurs. En dépit du verbe d'en haut, tous ne trouvent point. A chaque instant, leurs découvertes sont interrompues par des lacunes que l'on a déjà comparées fort exactement à ces bouleversements de terrains (ou failles), qui font le désespoir des géologues.

Mais si j'ai peu de chose à dire sur la jeunesse de Brully, sur son séjour à Strasbourg et même sur sa mission à Tournay, j'ai pu recueillir des renseignements assez complets sur les conséquences de cette mission. Ces conséquences ne sont autre chose qu'une persécution religieuse qui s'abat sur cinq villes : Tournay, Valenciennes, Lille, Arras et Douai. Tous ceux qui unissent dans leurs prédilections l'étude du droit à celle de l'histoire liront, j'en ai l'espoir, avec intérêt le récit de la lutte soutenue par nos magistrats contre le pouvoir central pour la conservation des priviléges de leurs villes.

Il me reste à remplir un devoir bien agréable, celui de chercher à m'acquitter envers les personnes qui ont bien voulu m'aider.

---

[1] Voir le procès de Jacques Régnier, de Nivelles, dans notre premier volume des troubles religieux de Valenciennes.

Lorsque l'idée me vint d'écrire cette étude, je pensai d'abord à Strasbourg, où j'espérais trouver des renseignements de quelque valeur. Ce fut alors que j'eus l'heureuse fortune de m'adresser à un savant, dont j'avais remarqué les écrits, M. Rodolphe Reuss, conservateur de la belle bibliothèque municipale de Strasbourg. Il me serait difficile d'exprimer avec quelle bonne grâce et quelle cordialité M. R. Reuss se mit à ma disposition. Les documents qu'il pouvait me communiquer étaient malheureusement rares et peu importants. Par une sorte de fatalité, un manuscrit, relatif à la vie et au procès de mon héros, avait été brûlé dans l'incendie désastreux, qui, en 1870, consuma une partie de ladite bibliothèque. M. Reuss put du moins me mettre en rapport avec MM. Édouard Cunitz et Charles Schmidt, professeurs à la faculté de théologie protestante de Strasbourg, et ceux-ci, malgré la haute situation qu'ils doivent à leur érudition et à leurs travaux, ne dédaignèrent pas de m'écrire. M. Cunitz surtout, qui édite la correspondance de Calvin, conjointement avec M. Édouard Reuss (le père), l'éminent doyen de ladite faculté, voulut bien me signaler tous les passages de cette correspondance qui sont relatifs à Brully.

J'ajouterai que M. R. Reuss eut à cœur de rectifier mes idées sur certains points. Je le prie donc de se tenir pour assuré de ma reconnaissance et d'en partager l'expression avec MM. Cunitz et Schmidt.

A Tournay, j'ai été aidé de la manière la plus efficace par M. Vandenbroek, archiviste de l'État et de la ville, qui m'a témoigné une obligeance vraiment inépuisable et a dirigé ses recherches de la façon la plus intelligente. Comme je ne me suis pas rendu à Tournay, le lecteur pourra, par le simple examen des pages consacrées à cette ville, discerner l'étendue des obligations

que j'ai contractées envers M. Vandenbroek. Je conserverai pré-
cieusement le souvenir des relations que j'ai eues avec lui.

Enfin, à Lille, M. Jules Houdoy, historien et archéologue distingué, à qui est familier le terrain que je vais parcourir, m'a
rendu un réel service en me faisant gracieusement hommage de
son excellente étude sur le privilége de non-confiscation dans la
châtellenie de Lille et en m'exposant ses opinions personnelles
sur les pièces communiquées par moi.

INTRODUCTION.

—

Il n'est peut-être pas pour le chercheur et pour l'historien de tâche plus intéressante ni plus tentante que de faire revivre, avec le secours des pièces d'archives, ces personnages qui, ceints un instant de l'auréole d'une célébrité fugitive, ont presque disparu de la mémoire des hommes. L'écrivain à qui il est donné de restituer à la lumière du jour leurs pensées et leurs actions, de dégager des brumes du passé leur juste et vivante physionomie, éprouvera un plaisir que l'on ne saurait mieux comparer qu'à celui ressenti par l'archéologue, lorsque ses fouilles intelligentes exhument quelque débris antique. Nous pensons, sans trop d'ambition peut-être, que cette comparaison peut s'appliquer à la restauration tentée par nous d'une figure qui, au XVIme siècle, retint et fixa pendant quelques mois l'émotion douloureuse des Pays-Bas et de l'Allemagne. Nous entendons parler de Pierre Brully, successeur de Calvin comme pasteur de l'église française réformée de Strasbourg. On verra, en effet, par l'étude suivante, quelle attention sympathique accordèrent à son arrestation, à son procès et à son supplice les réformés de plusieurs nations. Dire que Charles-Quint et sa sœur, la reine de Hongrie, firent de ce procès une affaire d'État, que les princes luthériens de l'Allemagne crurent devoir élever la voix en faveur d'un calviniste menacé de la mort la plus cruelle, c'est justifier la comparaison que nous n'avons pas craint de produire.

Peut-être cette tâche revenait-elle de droit à quelque savant strasbourgeois, puisque Strasbourg fut la patrie d'adoption de Brully. En effet, il y a de cela vingt ans au moins, un homme, qui en Belgique a rendu à la science historique des services non médiocres, M. Charles Campan, secrétaire général de la Société d'histoire, signalait à l'un de ses amis, savant professeur de la Faculté de théologie protestante de Strasbourg, les documents relatifs au procès de Brully, compris dans les liasses dites : *de l'audience,* aux Archives générales du royaume de Belgique. Si le docte correspondant de M. Campan eût mis à profit les indications qui lui étaient données, nul doute qu'il n'en eût tiré un bien meilleur parti que nous n'avons pu le faire. Sa connaissance approfondie de l'histoire générale de la réforme en est à elle seule un sûr garant. D'un autre côté, il se trouvait à cette époque dans la riche bibliothèque municipale de Strasbourg un manuscrit relatif à Brully, et qui peut-être contenait quelques révélations sur le sujet que nous allons traiter. Ce précieux manuscrit a disparu dans l'incendie, qui fut l'un des épisodes douloureux du bombardement de 1870.

On peut donc répéter une fois de plus que les livres eux aussi ont leur destinée :

. . . . *Habent sua fata libelli,*

puisque le hasard qui préside quelquefois aux études historiques nous amène sur un terrain où la théologie se mêle à la science du droit et à l'histoire. Nous devons dire cependant que nous avons été puissamment aidé par des hommes très-compétents. On a parlé souvent de l'amour-propre des poëtes et des artistes. Il faut croire que les historiens n'ont rien de commun avec le *genus irritabile vatum,* car, où que nous nous soyons adressé, soit à Strasbourg, soit à Bruxelles, soit à Paris, soit en Hollande, nous n'avons jamais rencontré que la confraternité la mieux sentie, l'obligeance la plus cordiale et la courtoisie la plus parfaite. Il ne peut exister de meilleur encouragement au travail.

UNE PAGE

DE

L'HISTOIRE RELIGIEUSE DES PAYS-BAS.

LA JEUNESSE DE BRULLY. — SON SÉJOUR A METZ ET A STRASBOURG. — SA MISSION A TOURNAY. — SA CAPTURE. — SON EMPRISONNEMENT, SON PROCÈS ET SON SUPPLICE. — PROCÈS ET SUPPLICES DE SES ADHÉRENTS TOURNAISIENS.

§ 1.

Brully à Metz et à Strasbourg. — Sa mission dans les Pays-Bas.

Nous ne savons que fort peu de chose sur Brully, jusqu'au moment où sa mission dans les Pays-Bas le met en pleine lumière. Sa sentence de mort nous apprend qu'il était né à Marsil-le-Haut « terre commune (franche) à six lieuwes de Luxembourg et de » Metz en Lorraine. » Où fit-il ses études? Sans doute à Metz, mais nous n'en avons point la preuve positive. Ce qui est certain, c'est qu'il commença par être moine jacobin et qu'il passa plusieurs années au couvent des frères prêcheurs de Metz [1]. C'est là que le

---

[1] L'*Histoire ecclésiastique des églises réformées de France* (t. III, p. 433) était bien informée. Voir la pièce justificative n° 16 du dossier de Tournay, qui ne peut laisser aucun doute.

souffle ardent de la réforme vint le toucher. On sait quelle in-
fluence il exerça dans les cloîtres et combien de religieux sortirent
de leurs monastères pour devenir prédicants ou ministres réformés. Tel fut le cas pour Brully. Une phrase de la requête adressée
à son sujet par les commissaires de Tournay à l'Empereur nous
apprend qu'il sortit du couvent en 1541 [1]. C'est en cette même
année que, avec Watrain du Bois, il « prêcha hautement et claire-
» ment l'évangile » à Metz [2].

Aussitôt après sa renonciation à la vie monastique, Brully se
maria dans la même ville avec une femme qui le laissa veuf au
bout de très-peu de temps. Ce serait alors encore, suivant plusieurs auteurs [3], qu'il aurait adopté la carrière du barreau et
serait devenu avocat à Metz. Cela est fort possible, et pour notre
compte nous ne répugnons nullement à le penser. Une lettre de
Valéran Poulain, reproduite ci-après, indique qu'au moment où
Brully résidait à Strasbourg, des affaires privées le rappelaient
à Metz et l'y retenaient plus que de raison. Celui-ci, à son entrée
dans la vie civile, avait donc embrassé une profession active, car
un moine qui vient de dépouiller le froc ou un théologien absorbé
dans ses spéculations n'a point d'affaires [4]. Nous doutons cependant qu'un document écrit contienne la preuve de ce fait. Sans
doute, il n'y a jamais eu sur ce point qu'une tradition locale,
transmise de génération en génération.

Brully, du reste, ne devait pas rester longtemps à Metz et allait
être l'objet de la puissante attraction de Jean Calvin.

---

[1] Même pièce. « Mais, par interrogatoires audit Me Pierre Brully faictes
» s'il estoit prebstre et religieulx, avoit confessé avoir reçu ordre de prebs-
» trise et esté de l'ordre des frères prescheurs du couvent de Metz, mais
» *depuis quatre ans* auroit délaissié le total ordre ecclésiastique et apos-
» tatisé. »

[2] *Hist. ecclésiast.*, ibidem.

[3] Notamment Haag, *France protestante*, 11, 53.

[4] Il est possible aussi que Brully se soit parfois absenté de Strasbourg,
pour chercher à Metz un poste plus avantageux; *ut sibi meliorem conditionem quæreret.* Telle paraît être l'opinion de MM. Reuss et Cunitz, les
éditeurs des *Opera omnia Calvini.* (XI, 622.)

On sait que le réformateur fut banni de Genève le 23 avril 1538, et que de cette ville il se rendit à Berne, puis à Strasbourg, où il fut accueilli par Martin Bucer, Gaspard Hédion et Capiton.

Or, à cette époque, commençait à fleurir à Strasbourg l'institution pédagogique, connue sous le nom de Collége, Gymnase ou Académie de Strasbourg. En 1528, les trois scolarques, Nicolas Kniebs, Jacques Meyer et Jacques Sturm avaient ouvert dans cette ville les premières écoles publiques, et en 1536, avaient proposé au Sénat la fondation d'une école secondaire unique. Jean Sturm avait été appelé par eux en 1538 comme recteur du nouvel établissement. Il avait alors fourni le plan tout entier de l'organisation du nouveau Gymnase et avait par là mérité d'en être considéré comme le second et le plus efficace créateur [1].

Calvin fut admis à donner des leçons de théologie dans le nouveau Gymnase. Mais là ne se borna pas son rôle. Tous les jours arrivaient à Strasbourg, de France et des Pays-Bas, des familles chassées de leurs foyers par la persécution religieuse. Elles ne tardèrent pas à s'organiser en congrégation et à constituer l'église française réformée de Strasbourg. Calvin en fut le premier pasteur. Cette congrégation, comprenant les réfugiés au nombre de 1,500 environ, tenait ses assemblées dans le chœur de l'église des Frères prêcheurs (Temple neuf), qui lui avait été ouverte par le Sénat [2].

---

[1] Ces indications contenues dans la *Revue historique* de MM. Monod et Fagniez (1er vol. de 1877, p. 231) concordent parfaitement avec le langage de Jean Sleidan qui définit clairement les rôles respectifs de Jacques et de Jean Sturm. « Hoc anno (1538), écrit-il, collegium est institutum Argentorati, seu
» schola juventutis, auctore potissimum *Jacobo* Sturmio, senatore primario,
» et brevi tempore, sic effloruit diligentiâ doctorum, ut non solum extremi
» Germani, sed exterae quoque nationes eò confluerent. Instituendae verò
» juventutis et tanquam in classes distribuendae rationem ac universam do-
» cendi viam, *Joannes* Sturmius et senatui primus ostendit, et post, edito
» libro, copiosius explicavit. »
[2] « Et quum religionis atque doctrinae causâ, multis esset emigrandum à
» Galliis atque Belgio, senatus argentinensis templum illis aperuit, ut eccle-
» siam constituerent. Huic primis aliquot annis praefuit Joannes Calvinus,
» noviodunensis. » (de Noyon.) J. Sleid.

Dès le 25 juillet 1541, Brully est en rapport avec Calvin. Il réside à Strasbourg et habite chez le réformateur, qu'il supplée dans ses fonctions pastorales. « Celui qui vous a apporté les lettres, écrit le même jour Calvin à Viret et à Farel, est le prédicant messin de qui vous avez entendu parler..... Ce jeune homme pieux, docte et modeste habite maintenant chez moi [1]. »

Le 1er mai 1541, le décret qui bannissait Calvin de Genève est rapporté et celui-ci quitte Strasbourg le 13 septembre de ladite année. Brully le remplace comme ministre de l'église française. Ce fut sans doute vers cette époque et dans cette dernière ville, qu'il épousa sa seconde femme.

Quoi qu'il en soit, en 1542 [2], sa situation était précaire. L'église qu'il dirigeait était peu nombreuse et assez pauvre. C'est pourquoi Valéran Poulain la qualifie de « ecclesiola nostra. » Brully avait contracté envers Calvin, sans doute comme commensal, des obligations d'argent, auxquelles il ne pouvait satisfaire et qui pesaient lourdement sur lui. Aussi voyons-nous Jean Sturm écrire le 29 octobre 1542 au réformateur dans les termes suivants : « Pierre, notre ministre, est fort tourmenté au sujet de cet » argent qu'il te doit. Il désire vivement s'acquitter envers toi. » Une créance est sûre, lorsqu'elle préoccupe le débiteur et lui » fait éprouver tout à la fois le désir de se libérer et la crainte » de ne pouvoir le faire. Je te prie de vouloir bien lui accorder » un peu de temps, ce que, je le pense, tu permettras [3]. »

---

[1] « Is qui litteras attulit, concionator scilicet metensis, de quo audisti..... » Concionator metensis, quem dixi, juvenis pius, doctus ac modestus nunc » apud me habitat. » (*Joannis Calvini opera quae supersunt omnia* de G. Baum, Ed. Cunitz et Ed Reuss, XI, 258.)

[2] Dans l'intervalle, paraît devoir être placé un témoignage favorable porté par Bucer sur Brully. Le 6 octobre 1541, Bucer écrit à Calvin : « *Bruno* ad-» modum constanter egit, quanquam ad id opus babuerit multis cohorta-» tionibus... » (*Op. omn.*, t. XI, 451.) Les savants éditeurs pensent qu'il a pu y avoir erreur de transcription et que Bucer, au lieu de *Bruno*, aurait écrit : Brully.

[3] « Petrus, concionator noster, valdè angitur de eâ pecuniâ quam tibi debet. » Cupit enim vehementer tibi persolvere. Certum est debitum quum metuit » debitor et cupit et cogitat. Promisi me intercessurum. Rogo ut aliquantulum

Un peu plus tard (6 octobre 1543), nous rencontrons une lettre
curieuse de Valéran Poulain à Guillaume Farel, laquelle nous
prouve que, dans l'exercice de ses fonctions pastorales, Brully
n'avait pas su se concilier tous les suffrages. On l'accusait d'être
ambitieux, de s'absenter à l'insu de son Église pour s'occuper à
Metz de ses affaires privées. Poulain, qui fut pour lui un ami des
plus tendres, le défend vivement en ces termes [1] :

» temporis impetret, id quod te puto permissurum. » (Même publication,
tome XI.)

[1] « Cui contemptui tantam nunc apertam rimam contrà nostrum concio-
» natorem Petrum non mediocriter doleo. Utinam ille, quisquis is est, vel
» siluisset, vel tu non usque adeò facilè calumniae aurem utramque dedisses.
» Certè enim calumnia est quidquid de illo est ad te vel scriptum vel delatum.
» Turpe est velle ex alterius vituperio laudem aucupari aut alterius exitio
» crescere. Video enim huic nostro ambitionis aut nescio cujus alterius cri-
» minis notam inuri. Certè animum ego suo Judici Deo relinquo. Verùm hoc
» factum, quo te video contra illum utcumque animatum esse, audacter
» tuebor. Quid enim si insperato vel potiùs inopinato illi evenit ut ob privata
» negotia fuerit aliquò vel etiam illuc proficiscendum. Nunc ideò peccavit
» quod sibi tantillum temporis sumpserit? At non debuit injussu ecclesiae?
» Fateor : in causâ publicâ, uti religionis, vel alio hujus modi. Quod neque
» facturum ipsum credo, tametsi fortasse aliquandò causae incedant cur id
» liceat. Cujus rei non illi sunt defutura exempla. At neque etiam, si privatas
» tantum causas habuisset, debuit insciâ ecclesiâ proficisci? Si ità est, certè
» multi, ferè omnes peccant qui toties ad sua negotia saepe ad non paucos
» dies secedunt. Sed quid ego excuso, quasi idem ille fecerit? Nemo fuit
» nostrùm qui ignoraret vel etiam profectionis causas : tantùm, propter ma-
» levolorum insidias, noluit invulgari quid quod ante discessum concionatores
» etiam admonuit ut, si quid vellent ecclesiam metensem scire, scriberent.
» Istaec ita esse testor qui ubique interfuerim, etiam apud concionatores.
» Nam quod ad conditionem aut stipendiorum splendorem (non valdè invi-
» dendum) attinet, dominus est qui ejus cor novit. Tu etiam familiarius eum
» nosti, num in victûs frugalitate ullam hujus animi suspicionem det. Ac de
» caetero ejus ministerio aut moribus frustra id ego apud te, virum acutis-
» simi et severissimi ingenii : ad quod accedit satis diuturna et familiaris con-
» suetudo. Verùm, quod nos omnes ad exemplum regis et capitis nostri Christi
» decere arbitror, ego illi facto, de quo eum accusari intellexi, volui et veri-
» tati testimonium ferre; non facturus hoc modo in cujusvis causâ. Idem fac-
» turum D. Cyprianus est pollicitus. Sed magni referre putabam ab ipso
» omnem sinistram suspicionem procul abesse. Cui equidem ego in domino

« Voir une si large issue ouverte à ce mépris contre notre pré-
» dicant Pierre n'est pas pour moi un médiocre sujet de douleur.
» Plût à Dieu que l'auteur de ces rapports, quel qu'il soit, n'eût
» jamais ouvert la bouche ou que tu n'eusses jamais ouvert avec
» tant de facilité les deux oreilles à la calomnie, car c'est certai-
» nement une calomnie que tout ce qui t'a été écrit ou rapporté
» sur son compte. Oui, c'est une honte que de vouloir retirer
» pour soi-même des louanges du blâme déversé sur un autre ou
» de chercher à s'agrandir par sa perte. Je vois en effet que l'on
» marque notre ami, comme d'un fer rouge, du reproche d'am-
» bition ou de je ne sais quelle autre accusation. Certes, j'aban-
» donne ses intentions à Dieu, son juge, mais ce fait, à raison
» duquel je te vois de toute façon irrité contre lui, je le défen-
» drai hardiment. Eh quoi donc! un fait imprévu n'a-t-il pas pu,
» contre tout espoir ou contre toute attente, se produire et le
» forcer à partir ici ou là pour veiller à ses affaires privées?
» Est-il donc si coupable pour avoir disposé à son profit d'une
» si faible parcelle de son temps? Mais, dira-t-on, il ne devait
» pas agir ainsi sans l'autorisation de son Église? Je le reconnais
» s'il s'agissait d'un intérêt public, la religion par exemple, ou
» si quelque autre motif de ce genre était en jeu. Dans ce cas, je
» crois qu'il se fût abstenu d'agir ainsi, bien que parfois peut-
» être certaines raisons se présentent qui légitiment une telle

» omne obsequium uti debere me semper existimavi, ita hâc occasione non
» praestare non debui, nisi mecum ipse pugnare vellem atque omni officio
» renunciare. Oro itaque atque obtestor fidem et caritatem tuam in Christo,
» ut si quam de illo sinistram opinionem ex hoc facto concepisti, maturè
» deponas nec temerè cuivis calumniae aurem praebeas. Testor enim ego
» coram domino multos esse passim nec deesse in hoc nostro tam pusillo
» grege, qui ex evangelio non Domini sed suam gloriam, non ovium sed sua
» commoda spectent Ex quorum numero si quispiam hoec vel ad te detulit,
» vel (ut sunt ejusmodi fucorum callida studia), alicujus ad hoc factum sim-
» plicitate abusus est, adeò ille audiendus non est, ut etiam abs te casti-
» gandum putem. Atque utinam primo ad eum scripsisses vel amicè admo-
» nuisses, nam ipse istorum nescius adhuc est et posset se melius purgare
» quam ego excusavi, etc. » — Cette lettre est signée de Poulain qui s'inti-
tule le petit client (clientulus) de Farel. (Même publication, tome XI.)

» conduite. Les exemples à citer ne lui manqueront pas. Mais,
» dira-t-on encore, si même il avait des raisons particulières, il
» ne devait pas partir à l'insu de son Église? S'il en est ainsi,
» bien des gens (pour ne pas dire presque tout le monde) sont
» coupables, car ils s'éloignent fort souvent dans un intérêt privé
» et non pour quelques jours seulement. Mais pourquoi vouloir
» l'excuser, comme s'il avait agi de la sorte? Il n'y a eu personne
» parmi nous qui ait ignoré son absence ni même les causes de
» son départ. Seulement, dans la crainte des embûches des
» malveillants, il n'a pas voulu que cela devînt public. Il a
» même pris soin d'avertir nos pasteurs, afin qu'ils sussent où
» écrire, s'ils désiraient que l'Église de Metz eût de leurs nou-
» velles. J'atteste que les choses se sont passées ainsi, moi qui ai
» été témoin de tout, même de l'entretien avec les prédicants.
» Pour ce qui concerne l'état ou l'importance de ses appointe-
» ments (et certes elle est peu enviable), le Seigneur sait ce qui
» est au fond de son cœur. Toi qui l'as connu plus familière-
» ment, tu sais s'il peut, grâce à la simplicité de sa vie, éveiller
» le moindre soupçon sur son honnêteté. Il est inutile que je te
» parle du reste de son ministère ou de ses mœurs, à toi qui es
» homme d'un jugement très-sévère et très-éclairé, car tu l'as
» fréquenté d'une façon journalière et suffisamment familière.
» Mais, comme il convient, à mon avis, de le faire à l'exemple de
» notre seigneur et chef Jésus-Christ, j'ai voulu apporter mon
» témoignage au sujet de ce fait dont j'ai su qu'on l'accusait et
» déposer ainsi en faveur de la vérité. Je n'agirais pas de la même
» manière dans la cause du premier venu. Maître Cyprien a
» promis d'en agir de même, mais j'ai pensé qu'il était d'une
» grande importance d'établir que tout soupçon de noirceur doit
» être écarté de lui (Brully). Car moi qui, pour ma part, ai tou-
» jours pensé que je lui devais toute affection dans le Seigneur,
» je n'aurais pas pu ne pas lui prêter mon concours, à moins
» d'entrer en lutte avec moi-même et de renoncer à jamais rendre
» service à qui que ce fût. Je te prie donc et j'invoque ta foi et
» ta charité en le seigneur Christ afin que tu quittes toute mau-
» vaise opinion sur son compte, si tu as pu en concevoir au sujet

» de cet acte et que tu ne prêtes pas témérairement l'oreille à
» la première calomnie venue. Car je puis t'affirmer qu'il y a
» beaucoup de gens de par le monde, — et il n'en manque point
» dans notre troupeau, quelque petit qu'il soit, — qui veulent
» utiliser l'Évangile à leur propre gloire et non pas à celle de
» Dieu et qui recherchent, non l'avantage de leurs ouailles, mais
» leur propre commodité. Si, dans leur nombre, quelqu'un t'a
» rapporté ces choses, ou plutôt — comme c'est l'habitude de ces
» calomniateurs rusés — a abusé de la simplicité d'autrui pour
» les faire parvenir jusqu'à toi, il ne faut pas l'écouter et je pense
» même que tu dois lui réserver un châtiment. Et plût à Dieu
» que tu eusses d'abord écrit à Brully en particulier et que tu
» l'eusses charitablement admonesté, car, pour lui, il ignore en-
» core toutes ces accusations et il aurait pu se justifier bien mieux
» que je n'ai pu l'excuser moi-même, etc. »

On voit que, si Brully avait des détracteurs, il avait aussi de
vrais amis et de chaleureux défenseurs. D'ailleurs, le témoignage
de Poulain n'est pas isolé. Un autre réformé résidant à Strasbourg,
Hilarius Guymonnæus, qui dit avoir vécu dans l'intimité de Brully,
loue la fermeté et la pureté de sa doctrine, sa charité envers les
pauvres et enfin sa grande modestie [1].

Enfin, dans deux autres lettres de Poulain à Calvin, Brully
est encore nommé. « Notre petite Église te salue, écrit Valéran au
réformateur, et spécialement Pierre, notre ministre [2]. »

Là s'arrêtent nos informations sur le séjour de Brully à Strasbourg. Mais le moment était venu où son nom, encore obscur,
allait devenir tout à coup célèbre. Seulement, cette célébrité pas-
sagère, il devait la payer de sa vie.

En cette année 1544, les réformés de Tournay, déjà assez nombreux pour constituer une Église notable, résolurent d'appeler en
leur ville un pasteur qui leur permît d'atteindre un double but.

---

[1] « Ego dominuum Petrum familiarius novi et vidi in eo magnam in reti-
» nendà sanâ doctrinâ constantiam, et non vulgarem in pauperes caritatem,
» non mediocrem modestiam » (Ép. à Calvin, 28 avril 1545. — *Op. omn.*,
t. XII, p. 69.)

[2] « Ecclesiola nostra te salutat, nominatim concionator noster Petrus. —
» 7 idus Martias, anno 1544. » (Même publication, XI, 685.)

« Comme en eux l'appétit des viandes du salut croissoit [1], » ils désiraient avoir une prédication plus solide de la parole de Dieu. Mais un orateur distingué ne leur suffisait pas; il leur fallait encore et surtout un administrateur capable « de leur donner » forme et commencement d'Église pour l'avenir. » Cet homme rare et pourvu d'aptitudes qui ordinairement ne se rencontrent pas ensemble, ils eurent l'idée de le demander à Martin Bucer, qui était alors à la tête de l'Église de Strasbourg [2]. La mission toutefois devait être de courte durée, ainsi qu'on le verra ci-après.

Bucer désigna Brully et celui-ci partit, emportant avec lui des lettres de son patron à l'adresse des principaux personnages de l'Église de Tournay (septembre 1544). Au moment de son départ, dit un de ses auditeurs, il semblait que Dieu l'eût marqué comme un être à part. Ses allocutions pastorales témoignaient le plus grand zèle et l'ardeur la plus vive, et parfois même elles étaient entrecoupées par des soupirs qui lui échappaient involontairement [3].

Brully arriva à Tournay sans encombre [4] et se voua immédiatement à l'accomplissement de sa double tâche : Organiser l'Église tournaisienne et enseigner par la parole. Tous ses prêches eurent lieu la nuit. Par les sentences qui accompagnèrent celle rendue contre lui, nous savons que les conventicules eurent lieu dans les maisons d'Arnould Estalluffret, dit Myoche, haultelisseur, de Jehan de Bargibant, exerçant même profession, de Rolland de Grimaupont, sayeteur, et enfin de Jacques de Le Tombe, couturier.

[1] Crespin.

[2] « Posteà venerunt à Tornacensibus et Vallencenensibus fratres duo nobis, » miserum statum ecclesiarum apud ipsos exponentes. Ad quas D. Bucerus » exhortationem et consolationem scripsit... Rem totam cognosces ex scriptis » eorum quae ad te mitto ut cognoscas fratrum nostrorum miseriam, ac mi- » sertus eorum aliquandò illos scripto consoleris. » (Poulain à Calvin, Lettre précitée du 7 des ides de mars.)

[3] « Antequàm a nobis discederet, magno affectu et ardore concionabatur. » Suspiria etiam illi incauto in ipsa concione erumpebant. Ita dominus illum sele- » gerat... » (Hilarius Guymonneus Calvino, 28 avril 1545; Op. omn., t. XII, 69.)

[4] Notons ici que Brully fit le voyage de Strasbourg à Tournay, déguisé en marchand, et en compagnie tant des députés de l'Église tournaisienne, qui s'étaient rendus à Strasbourg, que de deux émissaires de la cour de Navarre, savoir : l'écuyer Claude de Perceval et l'aumônier Antoine Pocquet.

Il remplit le même office à Valenciennes, à Douai, à Arras et à Lille. Nous verrons plus loin quelles furent les conséquences de cette action multiple. Nous ne savons dans quel ordre eurent lieu les excursions de Brully. Tout ce que nous pouvons dire, c'est qu'il venait de Lille, lorsqu'il rentra à Tournay à la fin d'octobre.

Cette rentrée dans l'ancienne capitale des Nerviens [1] fut une bien malheureuse inspiration. On n'y attendait plus Brully. De Lille il devait tirer droit sur Anvers et de là retourner à Strasbourg. Les préparatifs étaient faits en ce sens; il s'était même chargé de lettres pour Bucer et autres ministres ou théologiens notables. On s'explique donc difficilement comment s'opéra le revirement qui devait lui être si fatal.

Ses premières prédications à Tournay n'avaient pas été tellement secrètes que quelque chose n'en eût point transpiré. Le gouverneur, les officiers du bailliage, le magistrat étaient aux aguets. Le plus léger indice devait suffire désormais pour qu'ils redoublassent de vigilance et prissent des mesures décisives. Ce fut précisément ce qui arriva.

Il résulte des pièces justificatives publiées ci-après que l'action de Brully ne fut pas isolée, et même qu'il avait eu, comme le dit le commissaire Tisnacq, « des précurseurs. » Ceux-ci s'appelaient Taffin, Daniel Itero et Antoine (le nom de ce dernier n'est pas connu). Sans doute ce fut l'un d'eux qui, lorsque la résolution de Brully fut connue, la communiqua à ses fidèles dans un conventicule et leur demanda de prier pour le salut de leur pasteur [2]. Parmi les auditeurs se trouvait un prêtre déguisé qui n'eut rien de plus pressé que d'avertir les chanoines de la grande église.

On était arrivé à la fête de la Toussaint. Brully prêcha dans la nuit du 1er au 2 novembre et encore le jour des morts. Les autorités en furent informées. Aussitôt leur parti fut pris. Les portes furent fermées et la proclamation suivante fut publiée [3] :

[1] « Est autem iis locis oppidum Tornacum, facile primum in Nerviis. » (Sleid.)

[2] Ce ne fut pas un « précurseur », mais bien le ministre ordinaire de l'église de Tournay, Me Vérard, qui annonça le retour de Me Pierre.

[3] Pièce communiquée par M. Van den Broek, archiviste de l'état à Tournay. Inédit (registre aux publications de Tournay, n° 343 de l'inventaire).

« On vous faict assçavoir, de par Messieurs Prévost et Jurez de
» ceste ville et cité, que ilz commandent à tous, de quelque estat
» et condition qu'ilz soient, qui sache où se tient logé certain per-
» sonnage en ladite ville, de moyenne stature, qui, la nuyt de
» Toussains et jour des âmes derniers, a presché en ladite ville,
» le dénunche et fache savoir à justice, sur paine de confiscation
» de corps et de biens. Et celuy qui le dénunchera aura preste-
» ment xx carolus d'or pour son vin, en deffendant aux ghaitteurs
» des portes de laisser sortir personnes hors d'icelles, sans avoir
» enseignement de chire [1] du second prévôt de ladite ville que on
» trouvera en la halle de ladite ville. » (5 novembre.)

Immédiatement, sire Michel Bernard (le second prévôt) s'établit
à la maison de ville tandis que Henry de Quarmont et autres jurés
se tenaient aux portes, pour passer l'inspection des mains des sor-
tants [2]. Le système de précautions fut complété au moyen de la
nouvelle destination donné aux sergents bâtonniers. Ceux-ci ayant
en ce moment fort peu de besogne et gagnant par conséquent
fort peu d'argent [3], à cause des préoccupations exclusives qui

[1] On faisait couler sur le pouce de la personne, à qui la sortie était per-
mise, un peu de cire liquide sur laquelle on imprimait le sceau de l'échevinage.

[2] « A Pierre Snoncq, conchierge de la halle du conseil, pour le disner par
» luy soustenu le jour que l'on deffendist de sortir de ladite ville sans avoir
» enseignement de chire du second prévôt, lequel prévôt avecq aultres
» avoient esté occupez toute la journée, pourquoy fut fait le disner;
» porte . . . . vii liv. iiii s. »

« A sire Henry de Quarmont et aultres jurez pour la despence par eulx
» sousteue aux portes de la ville ou ilz estoient commis adfin de regarder
» que certain personnage qui avoit presché en ladite ville contre l'édict de
» l'empereur, nostre sire, ne eschappast. A esté payé . . . . . x liv. v s. »

(Comptes de la ville de Tournay du 1er avril 1544
au 31 mars 1545; extrait fourni par M. Van den
Broek.)

[3] « Aux sergens bastonniers, pour et en considération du petit gaignaige
» qu'ilz ont heuz durant le temps que mesdits sieurs Prévost et Jurez ont vac-
» quiez aux affaires de la sexte luthériane. Leur a été donné pour eulx ré-
» créer ensemble ci . . . . iiii liv. »

(Van den Broek.)

absorbaient messieurs de la ville, on leur donna des chevaux et on les chargea de surveiller les abords de Tournay, de poursuivre et d'appréhender les personnes suspectes [1].

La situation devenait intolérable pour Brully. Depuis sa rentrée il changeait d'asile toutes les nuits. Il s'était coupé la barbe et avait revêtu un déguisement. Mais chaque jour qui s'écoulait le forçait à compromettre quelque fidèle. Au surplus un seul moyen d'évasion lui restait. Comme les portes étaient gardées nuit et jour, il fallait bien qu'on le descendit à la faveur des ténèbres du haut des remparts au moyen de cordes. Ce fut donc à ce parti qu'on s'arrêta.

L'évasion fut sur le point de réussir. Brully fut dévalé dans le fossé (non rempli d'eau), qui se trouvait au bas de la muraille. Mais au moment où, assis par terre [2], il commençait à se débarrasser de la corde nouée autour de ses reins, l'un de ses sectateurs, se penchant sur les créneaux de la muraille pour lui dire à voix basse un dernier adieu, détacha par le poids de son corps une pierre mal cimentée qui, tombant dans le fossé, atteignit Brully et lui brisa la jambe [3]. C'en était fait de lui. Bientôt, le froid de la nuit exaspérant les douleurs occasionnées par sa blessure, il ne put retenir ses gémissements. Suivant Valéran Poulain, dont l'amitié peut paraître ici un peu suspecte, il s'interrompait pour louer le Seigneur. La seule intention de fuir lui apparaissait comme un péché et il élevait des actions de grâces vers Dieu qui, dans ses desseins impénétrables, le retenait ainsi [4]. Puis la souf-

---

[1] « A plusieurs sergents bastonniers, pour avoir cherchez et poursuys de » cheval aulcunes gens suspicionnez de la sexte luthériane . . . v liv. »

(Van den Broek.)

[2] « Ubi terram tetigit et humo consedit. » (Sleid.)

[3] C'est bien d'une fracture et non d'une meurtrissure qu'il s'agit. Sleidan se sert de ces mots : *crus perfringit;* voir aussi ci-après le passage de la lettre de Valéran Poulain.

[4] « Qui, quum in fossâ illâ esset nec posset ob fractum crus aufugere, » numquam auditus est nisi laudans dominum. Adeò ut etiam peccatum » suum confiteretur de institutà fugà et gratias domino ageret, quod ità » retineretur. » (Pollanus Calvino, 4 calendas décembris 1544. *Corresp. de*

france lui arrachait de nouvelles lamentations. Ses amis, se voyant sur le point d'être découverts, quittèrent le rempart et rentrèrent en ville. Le guet ne tarda pas à accourir et trouva Brully étendu sur le gazon. Des guetteurs coururent au château prévenir le gouverneur et, quelques instants après, Brully était enfermé dans l'un des cachots de la forteresse [1].

Brully est donc prisonnier. Avant d'entamer le récit de son procès, arrêtons-nous un moment pour discuter certains points obscurs.

Et d'abord quel jour fut-il arrêté? Crespin dit formellement : le 2 novembre, et il semble parler d'après Sleidan, dont il n'a fait que traduire le récit (*alterâ die novembris*, dit Sleidan). Cette version est inadmissible, puisque le ban ci-dessus transcrit est du 3 novembre. En supposant que le prédicateur ait tenté de s'évader pendant la nuit suivante (*nocturno tempore*, Sleid.), il fut appréhendé dans la nuit du 3 au 4 novembre. D'autres auteurs ont avancé que les portes de Tournay auraient été fermées pendant trois jours. Cela est fort possible, et nous n'y contredisons point ; mais il est permis de se demander où ces écrivains ont trouvé ce renseignement qui, s'il était exact, reculerait jusque vers le 6 novembre la capture de Brully. Quant à nous, qui, en pareille matière, faisons passer les pièces d'archives avant les livres les plus justement estimés, nous sommes porté à penser que l'on ne connait pas au juste la date de cette capture, d'ailleurs postérieure au 3 novembre.

Calvin, XI, 777.) Crespin dit la même chose. Suivant lui, Brully, en entrant dans son cachot, se serait écrié : « O Dieu, tu es juste ; tu m'as arresté, » fuyant l'affliction de ton povre troupeau. »

[1] Peut-être la note suivante, transmise par M. Van den Broek, s'applique-t-elle à la capture de Brully : « A Absalon Doulcy, Michiel Marissal, Jehan » Caudron et aultres, pour avoir dénunchié et saisi *certain prédicateur*, » suivant la publication sur ce faicte aux bretesques . . . . . XL liv. »

(Extrait des comptes de la ville, du 1er avril 1545 au 31 mars 1546.)

Dénunchié s'appliquerait à l'acte d'être allé prévenir le gouverneur. D'un autre côté, nous ne voyons pas qu'on ait appréhendé un autre prédicant, désigné par un ban différent de celui publié par nous.

2

Il est une autre question que l'on est naturellement amené à se poser? Brully était-il luthérien ou calviniste? Pour celui qui se contenterait d'un examen superficiel, Brully serait un luthérien, d'abord parce qu'il venait de Strasbourg, ville où le luthéranisme fut toujours puissant et ne tarda pas à prévaloir, ensuite parce que le prédicant est désigné comme luthérien dans tous les documents de justice; mais cette solution ne résiste pas à un examen sérieux.

Et d'abord, l'argument tiré des documents judiciaires est de nulle valeur. En 1544, la personnalité de Calvin est encore peu connue dans les Pays-Bas, tandis que Luther est signalé depuis longtemps par ses démêlés avec le Pape, l'Empereur et la Diète impériale. On ne connaît guère dans les provinces du Nord, outre la réformation allemande, que l'anabaptisme qui est plus ancien. En dehors de là, on se sert d'expressions vagues. *Estre Luther ou Luthère*, ce n'est pas suivre exclusivement la doctrine du réformateur germanique, c'est être hérétique, séparé de l'Église catholique, « mal sentant » de l'ancienne religion. Donc, aucune conclusion à tirer de ce côté.

Il faut se dire ensuite que de 1541 à 1545 Strasbourg n'appartenait pas encore au luthéranisme proprement dit. Sans cela Calvin lui-même n'y aurait pas été appelé pour y enseigner la théologie. Bucer, qui se trouvait à la tête de l'Église de Strasbourg, consacra à peu près toute son existence à amener un rapprochement entre le protestantisme allemand et celui de la Suisse. Calvin ne demandait pas mieux à cette époque de sa vie que de le seconder dans ses efforts, sans le suivre cependant dans toutes les concessions que Bucer croyait pouvoir faire à Luther dans l'intérêt de la paix et de l'unité. Brully doit avoir partagé les vues de Calvin sans réserve, pour avoir été agréé par lui comme son successeur dans la conduite de son troupeau.

Brully était donc un calviniste mitigé, reflétant les opinions professées par son maître à *la date de 1544*.

C'est aussi ici le lieu de rassembler les rares indications que Crespin nous a transmises sur la famille de Brully. Nous voyons dans les lettres contenues au livre des martyrs, qu'au moment de

sa mort, Pierre avait encore son père [1], plusieurs frères [2], et enfin
une sœur nommée Marguerite qui l'aimait tendrement et fit le
voyage de Strasbourg à Tournay pour visiter et consoler le prisonnier à ses derniers moments [3]. La femme de Brully avait encore
son père, un frère et plusieurs sœurs [4]. Des deux mariages de
Brully n'était né aucun enfant; du moins il n'est parlé d'eux
nulle part.

§ 2.

Le procès de Brully et de ses adhérents.
(Affaires de Tournay.)

La première phase (du 4 novembre (?) au 5 décembre 1544)
appartient surtout aux théologiens. Il est vrai cependant de dire
que, pendant cette période, le bailliage et le magistrat exami-
nèrent sommairement l'affaire et même consignèrent dans un
procès-verbal le premier interrogatoire du prisonnier, ce qui leur
permit de reconnaître les maisons où s'étaient tenues des assemblées et d'en emprisonner les propriétaires, le tout avant la venue
du commissaire impérial. Les premières visites que reçut Brully
furent celles de l'évêque de Cambray, Robert de Croy, et de
l'évêque de Tournay, Charles de Croy. Faut-il ajouter une foi
entière à cette allégation de Crespin, qu'à la vue du prisonnier,
et probablement après un colloque plus ou moins long, l'évêque
de Cambrai aurait éprouvé un tel accès de colère que le seigneur
d'Oignyes, gouverneur de la ville et du château, aurait dû s'in-
terposer?

[1] Par les lettres de ton père et le mien (lettre à sa femme, 18 février 1545).
[2] Si aucun *de mes freres* te viennent voir « . . . . . ma très chère sœur
» en J.-C. (sa femme), j'ay veu vostre escrit que m'avez envoyé par Margue-
» rite, lequel m'a grandement touché le cœur, d'autant que vous et *tous mes
» frères*, comme j'ay apperçu, avez soin et sollicitude de moy. » (Même
lettre.)
[3] Nous reviendrons plus loin sur ce point.
[4] « Tu as ton bon père par lequel tu m'as rescrit que tu te tenois chez
» lui. . . . . tu révéreras ton frère et instruiras tes sœurs. » (Même lettre.)

Le 26 novembre, Pierre fut interrogé sur ses croyances par le docteur Hazard, cordelier, en présence du seigneur d'Oignyes, du lieutenant du bailliage et du lieutenant de la loy de Tournay [1].

Un autre jour, tombant un vendredi [2], il fut « assailli » sur le même sujet par MM. Le Féable (Fiable) et Avertin « docteurs de » la grande Église [3], » puis par Mᵉ Hazard. Quelques jurés assistaient à l'interrogatoire et le prisonnier crut remarquer que les uns « estoyent joyeux et les autres bien tristes. » En effet, tous les jurés ne professaient pas à l'égard de Brully les mêmes sentiments, ou du moins les uns ressentaient à son égard une commisération que les autres n'éprouvaient point. Nous aurons l'occasion tout à l'heure de revenir sur ce sujet.

Ce fut également pendant cet intervalle que Pierre écrivit les deux premières lettres données par Crespin (sans date), adressées la première à sa femme qu'il appelle « sa très-chère sœur en J.-C., » et la seconde « à tous les fidèles qui souffrent persécution pour » avoir ouy la prédication de l'Évangile ou icelle soustenue en » leurs maisons, qui sont ès quartiers de Tournay, Valencienne, » L'Isle, Arras, Douay, etc. »

Lorsque la nouvelle de la capture de Brully parvint à Strasbourg, l'émotion y fut vive. Valéran Poulain surtout (Pollanus) en éprouva un vif chagrin [4]. Ce chagrin, écrit-il à Calvin, le 4 des calendes de décembre (1544) « je le ressens non-seulement à » cause de Brully, qui nous fournit des motifs de le féliciter [5], » mais encore au nom de cette Église (sans doute celle de Stras-

---

[1] Voici comment s'exprime Crespin : « En présence du gouverneur, du » lieutenant des prévostz et jurez de ceste cité de Tournay et de la justice » de l'Empereur. » La justice de l'Empereur, c'est le bailliage.

[2] M. Frossard dit : *le vendredi suivant.* Cela ne résulte pas du texte de la première lettre de Brully à sa femme. (Non datée.)

[3] Sans doute des chanoines de la cathédrale.

[4] « Incredibilem certè dolorem ex illo nuncio cepi, non solùm illius causâ, » in quo habemus quod illi congratulemur, verùm etiàm illius ecclesiae no- » mine..... ac etiam ecclesiae nostrae. »

[5] A cause de la foi vive qu'il avait manifestée au moment où il reçut sa blessure.

» bourg) pour laquelle j'ai toujours craint que notre projet (la
» mission de Brully?) ne créât un péril et encore au nom de
» notre église (l'Église française en particulier) à la tête de la-
» quelle je ne vois pas à placer un autre pasteur aussi propre à
» remplir cette fonction. » Dans l'ardeur de son amitié, il courut
chez la femme du prisonnier qu'il trouva forte et résignée [1]. Mais
ce ne fut pas tout; il s'adressa au Sénat et obtint de lui qu'il écrivît
au seigneur d'Oignyes une lettre par laquelle il réclamerait son
bourgeois. De plus, le gouverneur serait prié d'insister auprès de
l'Empereur pour obtenir la liberté de Pierre, si déjà celui-ci avait
été envoyé à Bruxelles [2]. La lettre fut écrite le 20 novembre [3]
et remise non à un messager ordinaire, mais à un homme qui
fût capable de s'expliquer de vive voix et d'insister pour obtenir
la libération de son concitoyen [4]. Poulain calculait que ce messager mettrait environ dix jours pour faire le trajet de Strasbourg
à Tournay.

La lettre parvint à son adresse, mais d'Oignyes n'eut rien de
plus pressé que de faire mettre l'envoyé en prison et de demander
ses instructions à l'Empereur qui, à la fin de novembre, était à
Bruxelles [5]. Le gouverneur eut soin cependant de faire remarquer
que cet homme n'avait pas commis d'autre faute que celle de se
charger de ce message. C'est pourquoi il n'était détenu qu'avec
certains ménagements (honnestement toutefois). Nous voyons

---

[1] « Nec imparem in ejus uxore constantiam sum expertus. » (Même
lettre.)

[2] « Mox ubi nuncium hoc accepissem de Petro per D. Bucerum, literas
» impetravi ab senatu, quas illi, perhumaniter et graviter ad D. (dominum)
» d'Oignyes, arcis praefectum, scripserunt, obtestantes ut, si forté vel in po-
» testate imperatoris jam sit, velit ipse omni studio intercedere ut liber re-
» mittatur. » (Même lettre.) — Ainsi la démarche du Sénat de Strasbourg
n'aurait pas été spontanée et aurait été provoquée par Poulain.

[3] Roerich. *Geschichte der Reformation im Elsass.*, t II, p. 70.

[4] « Certum nuncium dederunt qui et verbis apud ipsum (d'Oygnyes) et
» magistratum instet pro sui civis liberatione. » (Même lettre.)

[5] Le 2 décembre l'Empereur partit pour Alost; le 3, il était à Gand, où un
fort accès de goutte le retint jusqu'au 16 janvier 1545. (Itinéraires de J. Van-
denesse.)

dans une lettre datée du 3 janvier 1545 [1], qu'à cette date le Strasbourgeois était relâché sans dépens. Le message du Sénat ne reçut point d'ailleurs d'autre réponse.

Avant d'aborder la phase judiciaire, il n'est pas sans utilité d'exposer à quelle juridiction Brully allait avoir affaire. Sans parler des deux dignitaires que l'Empereur envoya à Tournay, Pierre devait être jugé par un tribunal composé :

1° De quelques conseillers du bailliage de Tournay et Tournésis, cour de justice impériale qui ressortissait au conseil de Flandre, lequel ressortissait lui-même au grand conseil de Malines.

2° Du prévôt et d'un certain nombre de jurés tournaisiens.

Sur la délégation du bailliage, nous avons peu de détails. Le grand bailli (dont nous ignorons même le nom) ne prit aucune part à l'affaire. En revanche, son lieutenant, Jacques Bacheler, seigneur de Roissart et licencié ès loix, y participa d'une manière fort active.

Relativement au magistrat, une observation essentielle est à faire. Il se dédoublait en quelque sorte à Tournay. Deux mayeurs et quatorze échevins s'occupaient des affaires d'administration; deux prévôts et douze jurés avaient la justice dans leurs attributions. Au moment où commence le procès, la loy judiciaire était ainsi composée :

Sire Nicolas Le Clercq, grand prévôt,
Sire Michel Bernard, second prévôt,
Sire Henry de Quarmont,
Sire Jehan de Cambry,
Nicolas Frayère,
Jehan Taffin,
Rasse de Casteler, seigneur des Rosières,
Jean de Calonne,
Jacques Bouton,
Nicolas Merchier, l'aîné [2],

} jurés.

[1] N° 6 du dossier de Tournay. La lettre de la Gouvernante ordonnant l'élargissement du messager parvint à Tournay le 2 janvier 1545.

[2] Au XVIe siècle, aîné (aisnet) est synonyme de père. Le fils est appelé : « le Josne. »

Antoine Villain, seigneur de la Bouchardrie,
Antoine Dauthies,
Gilles Flameng,
Jehan Martin [1].

} jurés.

Le premier commissaire impérial fut un homme déjà important et promis à de hautes destinées : Charles de Tisnacq, alors conseiller et avocat fiscal au conseil de Brabant, qui devait à la fin de sa carrière devenir président du conseil d'État des Pays-Bas.

Nous avons dit que, pendant les quelques jours qui suivirent la capture du prédicant, les autorités du lieu avaient procédé à un premier interrogatoire. Nous en trouvons la preuve dans une lettre de Charles-Quint au gouverneur d'Oignyes. Dans ce document, qui ouvre à proprement parler le procès criminel de Brully, l'Empereur recommande à son officier de lui envoyer le plus tôt possible les lettres, papiers et livres trouvés tant sur le prisonnier que dans son logis, « et aussi sa confession. » L'Empereur veut les faire voir en conseil et ouïr, avant son départ pour l'Allemagne [2], le rapport qui sera dressé [3].

Du 5 au 20 décembre 1544, le conseil privé s'occupa du procès. Il rédigea l'instruction destinée au commissaire impérial et contenant entre autres choses le questionnaire sur lequel celui-ci devait se régler pour le nouvel et définitif interrogatoire de Brully. En ce moment, le personnage choisi par l'Empereur pour remplir ces fonctions était Me Franchois de Bruyn, avocat fiscal au conseil de Flandre. Mais ce magistrat dut décliner la mission à cause de son état de santé et ce fut alors que Charles-Quint désigna Tisnacq. Celui-ci n'était pas seulement chargé de diriger le procès de Brully et de ses complices de Tournay. Il avait la haute direction de toutes les procédures engagées simultanément à Lille, Arras, Valenciennes et Douay.

Ce fut le 23 décembre que Tisnacq reçut le message lui ordon-

---

[1] Renseignement fourni par M. Van den Broek.

[2] Il y eut, en 1545, une diète impériale à Worms. Nous aurons occasion de revenir tout à l'heure sur ce point.

[3] No 1 du dossier de Tournay.

nant de se rendre à Tournay « *pour s'employer à la direction
des affaires mentionnez en l'instruction* [1]. » Pour assurer sa
suprématie, la chancellerie lui délivra une grande quantité de
lettres de créance à l'adresse des autorités impériales ou municipales des villes sus-indiquées. Les autorités étaient requises
d'ajouter foi à tout ce que Tisnacq dirait ou écrirait et devaient
« regarder à le mettre en exécution sans délay ou tardance quel-
» conque [2]. »

Tisnacq fit immédiatement les préparatifs de son départ, lequel
eut lieu le jour de Noël (25 décembre) 1544. Le soir même, il en-
trait à Tournay, mais il ne put voir le gouverneur, les portes du
château étant déjà fermées. Il reçut simplement le prévôt et les
jurés qui lui offrirent au nom de la ville quatre kennes de vin [3].
Le 26, au matin, le commissaire présenta ses lettres de créance à
Jean d'Oignyes, au bailliage et au magistrat. L'après-midi, on se
réunit au château chez le gouverneur pour fixer le jour où l'on
commencerait à travailler. Tisnacq, dans sa lettre du 50 décembre, n'indique pas quels personnages assistèrent à ce conciliabule
préparatoire. Il dut être peu nombreux, comme ce qui suit le fait
supposer. Quoi qu'il en soit, les fonctionnaires présents trouvèrent qu'il y avait nécessité de s'adjoindre d'autres officiers, conseillers ou jurés et décidèrent que « l'examination » de Brully
commencerait le lendemain matin.

Le 27, au matin, eut lieu, sans doute toujours au château, la
réunion générale de ceux qui devaient composer la commission
judiciaire ; mais, lorsque Tisnacq vit arriver, après les conseillers
du bailliage, le prévôt et les jurés, et après ceux-ci, les conseillers
pensionnaires de la ville, il trouva que décidément c'était chose

---

[1] No 2 du dossier de Tournay.

[2] No 5 du dossier de Tournay.

[3] « A Guillain Deffarvacque, pour iiii kennes de vin à xviii solz le kenne pré-
» sentés à Me Charles Tessenach, commissaire depputé par l'Empereur contre
» les hérétiques, le xxiiiime jour de décembre (erreur d'un jour), ci. LXXIII s.

(Comptes de la ville du 1er avril 1544 au 31 mars 1545.)
(Note de M. Van den Broek.)

dangereuse que « de besoingnier » en présence de tant de
témoins. Tirant à part le lieutenant Bacheler, il lui fit part de ses
scrupules. Comment, avec tant d'oreilles ouvertes, assurer le
secret nécessaire? Bacheler abonda en ce sens et à l'instant un
plan de conduite fut arrêté entre le haut commissaire et le lieutenant. Aussitôt que l'assemblée fut dissoute, Tisnacq et Bacheler
allèrent trouver le Gouverneur qui goûta fort leurs raisons. A
l'instant même ceux qui devaient continuer à s'occuper de l'affaire furent désignés *in petto*. Restait à se défaire des autres, ce
qui fut effectué de la manière suivante. Lorsque l'assemblée se
reforma le 27 après-midi sur le même pied que le matin, Tisnacq
expliqua que le seigneur d'Oignyes désirait assister aux séances,
qu'il était retenu en ce moment par d'autres occupations, et
qu'en conséquence il y avait lieu de surseoir à « l'examination. »
Suivant toute probabilité, il ajouta que celle-ci continuerait sur
convocation spéciale.

Pour amuser le tapis, on s'occupa dans cette séance du bailli
de la damoiselle de Fresnes.

Le procès de Brully fut repris le lendemain 28, « en présence
» de ceulx qui y debvoient estre [1], » et l'interrogatoire du prisonnier fut terminé le 29 décembre avant midi [2].

L'après-midi du 29 décembre, la commission s'occupa des
manans, propriétaires ou locataires des maisons dans lesquelles
Brully et « son précurseur Antoine » avaient prêché. Il fut décidé
que l'on mettrait la main de justice sur les femmes de ces individus, qu'ils fussent prisonniers ou fugitifs, et que l'on achèverait
d'annoter leurs biens.

Par ce premier travail, le terrain fut considérablement déblayé,
ainsi que l'explique fort bien Tisnacq. D'abord, les réponses de

[1] Tisnacq ne les nomme pas autrement.
[2] Nous voyons dans les comptes de la ville de Tournay que Brully resta
longtemps sans pouvoir se servir de sa jambe malade, et qu'il fallut le conduire en charrette de son cachot soit au logis du gouverneur, soit même à la
maison de ville : « A Vinchent Bridoul, carton (charretier), pour avoir esté
» quérir à tous ses kar et cheval Me Pierre Brully, prisonnier au chasteau,
» lequel ne pooit passer sur l'une de ses jambes. . . . . . VIII s. VI d. »

Brully parurent sincères et complètes, sans dissimulation ni réticences, et dès lors l'application de la torture parut inutile [1]. Eût-on voulu d'ailleurs procéder à la question extraordinaire, que l'on eût été arrêté par cette circonstance que le prisonnier avait avoué avoir été prêtre et jacobin. Le 30 décembre, le commissaire impé-·rial envoya à Louis Schore, président du conseil privé, un double dudit interrogatoire, délivré par le greffier du bailliage, en le priant de le lui renvoyer par l'exprès qu'il lui adressait. Il n'était pas expédient de faire tirer un autre double de cette pièce par personne tierce, ajoutait-il, toujours préoccupé de la nécessité du secret.

En ce qui concernait les complices, fauteurs et adhérents, la besogne était également fort avancée. A la vérité, on savait qu'il y avait à Tournay « un bien grand nyd et compaignie d'héré-» ticques, » mais les maisons où s'étaient tenus des conventicules ayant été découvertes et les propriétaires en ayant été appré-hendés avant l'arrivée de Tisnacq, il devenait superflu de pro-mener Brully de rue en rue, à l'effet de reconnaître lesdites maisons, ainsi que le portait l'instruction du commissaire. Rela-tivement aux « précurseurs » du prédicant strasbourgeois, savoir Antoine, Staffin (ou plutôt Taffin) et Daniel Itero, il était tout aussi inutile de pousser les investigations plus loin que le point où elles avaient abouti par suite des aveux de Brully, car l'on savait que ces prédicants subalternes étaient en fuite. Seulement où s'était réfugié Itero? était-il à Anvers? avait-il passé outre? On l'ignorait absolument [2].

Le 31 décembre, les femmes des fauteurs et adhérents, soit prisonniers, soit fugitifs, qui avaient été emprisonnées en vertu de la résolution de l'avant-veille, avaient été interrogées et, à la suite de cette formalité, élargies, sauf une seule qui fut trouvée être « pleine de venin. » Nous la retrouverons bientôt.

Le même jour, ou peut être la veille au soir, se produisit un

---

[1] Et en effet elle ne lui fut pas appliquée.

[2] Tisnacq à Louis Schore, 30 décembre 1544. (Pièce n° 4 du dossier de Tournay)

incident qui prolongea l'existence de Brully d'environ quinze jours. L'official de l'évêque de Tournay, se fondant sur ce que le successeur de Calvin était couvert par l'ordination ecclésiastique, indélébile de sa nature, décerna des lettres « d'inhibition » d'ultérieures poursuites, » qui furent signifiées au gouverneur par un agent ou huissier de l'official, en présence de Tisnacq et des autres commissaires. Pour le moment, on se contenta de répondre que l'on ne croyait pas que le prisonnier relevât de la juridiction ecclésiastique, que cependant l'incident serait porté à la connaissance de l'Empereur et que celui-ci donnerait tels ordres que de raison. Tisnacq en écrivit le même jour à Louis Schore, de peur que cette prétention ne parût de nature à modifier la résolution arrêtée à Bruxelles de faire transporter le prédicant à Valenciennes [1].

Hâtons-nous du reste de dire que cette inhibition n'était pas bien sérieuse. L'official, dans un entretien qu'il eut avec Tisnacq, lui déclara que sa cédule était uniquement fondée sur la commune renommée, qu'il n'avait par devers lui aucun document établissant d'une manière positive que Brully eût été « prebstre et Jacoppin; » que dès lors il n'avait agi, lui official, comme il l'avait fait, que par acquit de conscience, et qu'il était dans l'intention de passer l'incident « soubz dissimulation [2]. »

Vers le 3 janvier 1545, un femme, restée innommée, apporta aux commissaires « ung livret de la messe, plain de toute meschanceté. » Ce livre, disait la dénonciatrice, avait été déposé entre ses mains par un individu depuis fugitif. Tisnacq attacha quelque importance à cette trouvaille. « Je croy » écrivit-il à Louis Schore, « que jamais ne fut veu en ce quartier livre semblable, » et contient toute la doctrine sur laquelle se fondent ceulx qui » dényent le Sainct Sacramant de l'aultel [3]. »

[1] Tisnacq à Louis Schore, 31 décembre 1544. (Pièce n° 5 du dossier de Tournay.)

[2] Tisnacq à Louis Schore, 8 janvier 1545. (Pièce n° 8 du dossier de Tournay.)

[3] Tisnacq à Louis Schore, 3 janvier 1545. (Pièce n° 6 du dossier de Tournay.)

Pendant les premiers jours de l'année, les commissaires continuèrent à interroger les prisonniers, « parmi lesquelz (se trou-
» vaient) aucuns bien meschantz et taillez de persévérer en leur
» détestable opinion [1]. » Ils reconnurent bientôt qu'ils ne pouvaient pousser plus loin leurs investigations sans le secours de la torture. Aussi, le 7 janvier, l'infligèrent-ils à deux desdits hérétiques, nommés Arnould Estalluffret et Jehan de Bargibant, non sur leur fait propre, (car de ce côté la conviction des juges était faite et les deux « réceptateurs » apparaissaient, d'après leurs aveux mêmes, « comme sacramentaires et apparens de persévé-
» rer, si Dieu n'y emplooit sa bonté), » mais « sur le faict d'aul-
» truy, si comme de leurs complices et adhérens. » Estalluffret dénonça en effet, sous le coup de cette épreuve, plusieurs manans « de petite estoffe » qui furent à l'instant jetés en prison. Il dénonça même une demoiselle de qualité, nommée Orsette Bernarde. Heureusement pour celle-ci, les charges parurent insuffisantes et elle fut laissée en liberté.

Vers cette même époque, le célèbre avocat d'Arras, Jehan Crespin, de qui nous aurons à nous occuper plus loin, eut l'audace de venir clandestinement à Tournay. Les commissaires, informés de cette circonstance, le firent rechercher mais leurs perquisitions restèrent sans résultat [2].

Le moment était arrivé où le procès allait subir une interruption d'environ quinze jours.

Après que la torture eut été administrée aux deux Tournaisiens ci-dessus nommés, Tisnacq exposait, le 8 janvier 1545, au président du conseil privé ses doutes sur la question de savoir si la même épreuve serait infligée à quelques-uns de leurs compagnons d'infortune. Sans doute, ceux-ci étaient « assez convaincus par leur propre confession » d'être des « transgresseurs de l'ordonnance et réceptateurs des prédications. » Malgré cela, il était bien

---

[1] Tisnacq à Louis Schore, du 3 janvier 1545. (Pièce n° 6 du dossier de Tournay.)

[2] Tisnacq à Louis Schore, du 8 janvier 1545. (Pièce n° 7 du dossier de Tournay.)

.douteux que la commission judiciaire condescendît à leur réserver le même sort qu'à Estalluffret et à Bargibant. Tisnacq avait
de bonnes raisons pour supposer que c'était là un point « sur
lequel plusieurs (de ses collègues) se vouldroient arrester » et sur
.lequel aussi « les opinions ne seroient fort conformes », car Estal-
.luffret et Bargibant avaient donné « ouverte déclaration de leurs
erreurs quant à la foy ou de persévérance en iceulx (erreurs), »
et cependant lorsqu'il s'était agi de les livrer au tourmenteur, des
difficultés avaient surgi au cours de la délibération. On pouvait
donc conjecturer « comment se polroit porter le faict de la judicature, » alors qu'il s'agissait d'hérétiques moins endurcis, dont le
langage était moins clair et les aveux moins complets [1]?

Dès lors, Tisnacq qui, ainsi que nous le verrons plus loin, partit le
même jour pour Valenciennes avec Brully, à l'effet de le confron-
ter avec les prisonniers de ladite ville, se demandait si, après ce
voyage, il devait se considérer comme obligé par son instruction à
regagner Tournay pour délibérer avec les autres juges sur la question suivante : la torture serait-elle employée comme étant le seul
moyen « de descouvrir tous les complices » que le prédicant avait
en cette ville? Et le commissaire impérial était porté à résoudre
la question négativement. Mon instruction, écrivait-il, dit simplement que je dois « investiger le contenu ès interrogatoires. »
L'exercice de ses fonctions lui paraissait donc supposer un travail
antérieur d'information, auquel il n'était pas tenu de participer.
D'ailleurs, ajoutait-il, à quoi servirait la prolongation de mon
séjour à Tournay? En cette ville, tout est comme découvert, et ce
n'est pas en y restant qu'on éclaircira les faits reprochés aux hérétiques des autres villes. Il y avait là comme l'aveu d'une répugnance secrète, dont nous retrouvons l'expression dans la correspondance de commissaires employés dans d'autres villes. Mais que
l'on ne croie pas que ces hommes prêtassent l'oreille à la voix de

[1] Les personnes, qui voudront bien nous lire avec attention, sont priées de
recourir au texte même de la lettre. Elle prouve, suivant nous, que les jurés
n'étaient pas d'opinion unanime. C'est là, on se le rappelle, un fait que Brully
lui-même avait cru pouvoir coustater.

l'humanité ou conçussent des doutes sur la légitimité de leur mission. Loin de là. Ils étaient tout à la fois de trop fidèles croyants et de trop humbles sujets pour répugner à verser le sang. Seulement, ils ressentaient quelque ennui d'être longtemps éloignés de leur demeure et de leurs fonctions ordinaires. En outre, ils étaient disposés à n'accepter qu'un rôle prédominant et se sentaient un éloignement assez naturel pour les basses œuvres de la procédure.

Tisnacq demandait donc des instructions sur ce point [1].

Bien que nous n'ayons pas la réponse soit de Louis Schore, soit de la reine de Hongrie [2], il paraît certain que Tisnacq obtint gain de cause. En effet, d'une part, nous savons qu'après son voyage à Valenciennes, il réintégra Brully au château de Tournay, puis partit pour Bruxelles où il séjourna jusqu'au 23 janvier et, d'un autre côté, il résulte du contexte des sentences que nous examinerons plus loin que la torture ne fut pas administrée à ceux des autres prisonniers qu'attendait le dernier supplice.

Pendant cet intervalle de dix jours environ (du 10 au 20 janvier 1545), les choses restent en l'état à Tournay, mais nous rencontrons parmi nos documents une pièce intéressante et que nous ne pouvons négliger, parce qu'elle vient à l'appui de ce que nous avons dit plus haut au sujet de la faveur que la réforme rencontra chez nombre d'ecclésiastiques.

Le 17 janvier 1545, la Gouvernante Marie de Hongrie adresse une lettre circulaire aux évêques des Pays-Bas : « Les perverses et damnables sectes des hérétiques, dit-elle, augmentent et pullulent de jour en jour en ces pays, et nous trouvons que cela procède de la négligence et de la nonchalance avec laquelle les officiaux s'informent de la vie et de la conduite « d'aucuns curez, prebstres, » religieulx et aultres gens d'églises, escolastres et leurs suppostz, » dont leur appartient la cognoissance, *lesquelz seroyent entachez*

---

[1] Tisnacq à Louis Schore, du 8 janvier 1545. (Pièce n° 8 du dossier de Tournay.)

[2] Ceux de nos lecteurs qui sont initiés aux recherches historiques doivent comprendre que nous ne pouvons trouver aux archives de Bruxelles que les pièces envoyées de Tournay ; quant aux réponses parties de Bruxelles, nous ne pouvions les trouver qu'à Tournay, et là elles n'existent plus.

» *desdites sectes.* » Elle recommande donc aux prélats d'exercer à-l'avenir une surveillance plus sévère et leur promet la coopération des officiers impériaux [1].

§ 3.

Les Supplices.

Les interrogatoires étaient terminés. Il ne restait plus qu'à parfaire l'instruction et à prononcer les sentences. C'est ce à quoi Charles-Quint et sa sœur pourvurent le 20 janvier 1545.

Ledit jour, Marie de Hongrie demande à Messire Loys de Heylweghe, président du conseil de Flandre, d'adjoindre à Tisnacq, « *qui s'en rethourne à Tournay* », un conseiller, « pour par en- » semble estre présent à l'instruction des procès de ceulx qui » sont accusez des nouvelles dampnables sectes qui pullulent jour- » nellement de plus en plus. » Si la santé de Mᵉ François de Bruyn le permet, c'est sur lui que doit tomber la désignation. Sinon, elle est laissée au président [2].

Le même jour, l'Empereur et Roi écrit à Jean d'Oignyes. Il l'informe que Tisnacq revient à Tournay avec un conseiller de Flandre pour achever la tâche commencée, conjointement avec le lieutenant et les gens du bailliage, comme aussi avec le prévôt et les jurés de la ville. Le Gouverneur est requis de tenir la main et de prêter assistance à l'exécution de la justice, « de » sorte qu'on puisse parvenir à l'extirpation desdites sectes et » pugnition exemplaire des culpables, selon qu'il convient pour » l'entretènement de la saincte foy chrestienne [3]. »

---

[1] Pièce nº 9 du dossier de Tournay. — Ce relâchement de la discipline ecclésiastique fut en effet sensible sous le règne de Charles-Quint, mais il tenait à une autre cause : le petit nombre des évéchés. Ainsi à cette époque les Pays-Bas proprement dits n'en avaient que trois : Tournay, Arras et Utrecht. L'évêché d'Utrecht seul comptait 1,100 églises. Comment dès lors les évêques et officiaux auraient-ils pu visiter et surveiller leurs curés? (Gachard, Préface à la *Corresp. de Philippe II*, p. xcɪv.)

[2] Pièce nº 10 du même dossier.

[3] Pièce nº 11 dudit dossier.

Toujours à la même date, lettre impériale au prévôt et aux jurés de Tournay. Ils sont requis « d'admettre les conseilliers et » au surplus de faire en tout et partout si bon debvoir et dili- » gence que les culpables soyent exemplairement pugniz, sans » grâce ou dissimulation quelconque [1]. »

De Bruyn n'ayant pu se rendre à Tournay, Denis II Van der Sare fut désigné pour le remplacer. Ce conseiller de Flandre, fils de Josse I Van der Sare et d'Anne Donaes, était un homme impor- tant. Il avait débuté en 1520 par être troisième échevin des *Parchons* de Gand (pupilles-orphelins), ce qui indique qu'il était originaire de cette ville [2].

Tisnacq et Van der Sare arrivèrent à Tournay le 26 janvier. Le magistrat souhaita la bienvenue à ce dernier en lui offrant, comme il l'avait fait un mois auparavant à son collègue, quatre kennes de bon vin [3]. Aussitôt tous se mirent à l'œuvre et le 30 jan- vier commencèrent les exécutions.

La première victime fut cet Arnoult Estalluffret, dit Myoche, haultlisseur, que Tisnacq, dans sa correspondance, appelle « Estaliscet ».

Par Crespin [4], nous avons quelques détails sur le procès de cet artisan qui montra un courage inébranlable.

Pour l'amener à résipiscence, on commença par le plonger dans l'un des cachots les plus affreux du château et, comme le dit l'hagiographe, « au bas d'une tour environnée de fossez pleins » de crapaux et autres bestes venimeuses et infectes qui y sont. » C'était là du reste qu'on enfermait les prisonniers réservés à un

---

[1] Pièce nº 12 dudit dossier.

[2] Mort le 24 août 1553 et enterré aux Carmes (à Gand) avec sa femme Anne Van der Helde. Ses biographes ajoutent qu'en 1529 il fut chargé par la Gou- vernante d'une mission auprès de François Iᵉʳ. Nous n'avons pas cru devoir rappeler cette circonstance dans le texte, parce qu'il nous a paru étrange et sans exemple qu'un simple conseiller d'une cour provinciale ait pu être chargé d'une mission diplomatique auprès d'un souverain tel que le Roi très-chrétien.

[3] A Jehan Willocqueau, marchant, pour iiii kennes de vin audit pris (xx sous) présentés à Mᵉ Denis Van der Sarren, commissaire dépputé avecq ledit Tise- nacq, le xxviᵉ dudit mois. — (Note de M. Van den Broek.)

[4] Fᵒ 160 vᵒ, 161.

supplice prochain. Estalluffret séjourna depuis le mois de novembre 1544 jusqu'au jour de sa mort « dans cette orde prison »,
n'en sortant que pour subir les interrogatoires dirigés soit par le
cordelier Hazard, soit par les juges laïques.

Ce fut avec ces derniers qu'il eut ce colloque, dont parle
Crespin et que l'on peut considérer comme une sorte d'arché-
type. Les juges interrogent sur la messe, sur l'eucharistie, mais
n'admettent ni les discussions, ni les longs commentaires. Estalluffret appuyant chacune de ses réponses d'un passage des saintes
Écritures : « Nous n'avons que faire que tu nous prêches, lui
» disent-ils, réponds oui ou non. »

« Messieurs, réplique le pauvre homme, ce n'est pas icy un
» procès de meurtre ou de larcin, mais il est question de savoir
» qui a meilleure cause, ou vous ou moi. Par quoi il n'est pos-
» sible de répondre si sommairement. Si vous ne me voulez
» escouter, envoyez-moi à mes crapauds qui sont avec moi en la
» prison, lesquels, quand je chante ou prie Dieu, ne me troublent
» et ne me donnent aucun empeschement ni bruit. Et vous qui
» êtes créatures raisonnables, formées à la semblance de Dieu,
» ne me voulez donc pas écouter, quand je parle de sa parole
» éternelle? Estimez-vous ce que je vous dis estre fable?..... Non!
» non! c'est la vraye vérité que je vous annonce! »

La sentence rendue contre cet homme le 30 janvier 1545 contient des énonciations qui ne se rencontrent pas dans les autres
jugements. C'est pourquoi nous devons nous y arrêter un instant.

Ce caractère particulier réside dans l'exposition des faits suivants : par les ordonnances de 1527, porte la sentence, l'Empereur s'était contenté d'édicter des peines pécuniaires contre « les
» infracteurs, » mais cette indulgence relative avait été funeste.
Les erreurs et les hérésies croissaient grandement de jour en
jour, « à la diminution de la saincte foy catholique, au scandal
» et détriment de tous les bons chrestiens. » L'Empereur alors,
« meu de bon zèle pour refréner la témérarité des hérétiques, »
avait rédigé d'autres édits [1], qui avaient été publiés aux bre-

[1] Ceux du 14 octobre 1529, 7 octobre 1531 et 22 septembre 1540.

3

tesques [1] de la ville et republiés de six mois en six mois. Par ces placards, « auroit esté deffendu entre autres choses que nul ne
» s'advanchast de tenir ou permettre, en sa maison ou aultre-
» ment, conventiculles, assemblées, ne de communiquier ou dis-
» puter de la saincte escripture, meismement en matière doub-
» tifve et difficile, ou de lire à aultres ladite saincte escripture ou
» preschier, s'ilz ne feussent théologiens approuvés par univer-
» sité fameuse ou aultres à ce admis par les ordinaires du lieu,
» sous peine que les contrevenans auxdites ordonnances seroient
» exécutés par le feu, et ceulx non persistans, sy comme les
» hommes, par l'espée, et les femmes par la fosse, en mestant les
» testes sur une estacque. »

Il est ensuite déclaré et posé en fait qu'Estalluffret a « en
» contrevenant auxdites ordonnances et droit escript soustenu en
» sa maison conventiculles, *en y souffrant preschier certain per-*
» *sonnaige, à présent prisonnier, estant de la secte héréticque et*
» *réprouvée, en ayant par pluiseurs fois oy ses prédications et*
» *exhortations en pluiseurs lieux de ladite ville* [2], et d'un maul-
» vais et hérétique coraige et demorant pertinach en icelluy, erré
» et babusé contre le sainct Sacrement de l'hostel, ayant soustenu
» exécrables, détestables, erronées et faulses propositions, aussi
» en la saincte foy catholicque, ensemble contre les constitutions
» et commandemens de nostre mère saincte Église et la puissance
» d'icelle, et communicquié et disputé de la saincte escripture. »

En conséquence, Estalluffret fut condamné à être brûlé et consumé en cendres sur le grand marché de la ville, avec déclaration
de confiscation de tous ses biens.

L'arrêt prononcé le 30 janvier au matin à « huys ouvers, pré-
» sens grand nombre de peuple, » fut exécuté l'après-midi du
même jour. Avant de le faire sortir de la prison, on proposa à
Estalluffret l'exemple de son coreligionnaire Bargibant, qui s'était,
comme on va le voir, rétracté. Il repoussa vivement cette insi-
nuation. Mené au supplice, il commença par admonester le peuple
« de ne croire aux prêtres et moines séducteurs, mais à l'évangile

---

[1] Tribunes en pierre faisant saillie sur la façade des maisons de ville.

[2] Estalluffret est donc un « réceptateur » de Brully.

» du Fils de Dieu. » On le fit taire. Il entonna alors un psaume et
ne cessa de chanter qu'au moment où les flammes le gagnèrent. Au
moment suprême, il tenait encore ses regards attachés sur le ciel [1].

Le samedi 31 janvier 1545, vint le tour de Jehan de Bargibant,
haultlisseur de Tournay, sur le procès duquel Crespin nous a
transmis quelques renseignements.

C'était, dit l'hagiographe, « un homme qui avoit reçu de
» grands dons de Dieu, ayant si avant profité en la saincte
» escripture que souvent il avoit exhorté en la congrégation des
» fidèles avant que Me Pierre Brully vînt à Tournay. »

Les sergents qui se présentèrent chez lui pour l'appréhender
ne le trouvèrent point, soit qu'il fût sorti, soit qu'il se cachât;
mais presque aussitôt il prit la résolution de se livrer. Lorsqu'il se
présenta à la porte du château, les gardes lui demandèrent ce
qu'il voulait. « La justice, dit-il, m'a demandé; je suis venu savoir
» ce qu'elle me veut. » Conduit devant le gouverneur, il répéta
les mêmes propos. Après le premier moment de surprise, d'Oygnyes le fit mettre en prison. Là que se passa-t-il entre les juges
et lui? Crespin prétend que les théologiens catholiques lui pro-
mirent sa grâce, s'il abjurait ses erreurs. Il est tout aussi possible
qu'il se sentît ébranlé par la perspective du supplice par le feu,
considéré comme le plus douloureux et le plus infamant de tous.
Ce qui est certain, c'est qu'il rentra dans le giron du catholi-
cisme.

L'arrêt reflète les différentes phases du procès. Il ne contient
pas de préambule, et arrive de suite au dispositif. Bargibant est
déclaré convaincu d'avoir « soustenu en sa maison ledict prédi-
» cateur (Brully), en ayant oy par plusieurs fois les prédications
» et exhortations d'iceluy en plusieurs lieux de ladite ville, et
» d'un mauvais coraige erré et abusé, etc. (voir la sentence pré-
» cédente), ayant heu certain livre deffendu par lesdites ordon-

_____

[1] Crespin ajoute qu'au moment où l'on attacha Myoche au poteau, on lui
passa au cou un sachet plein de poudre à canon. Lorsque l'explosion se produisit, les prêtres auraient dit au peuple que le bruit était occasionné par le
diable emportant l'âme du pécheur. Cette particularité nous paraît susceptible
d'être révoquée en doute.

» nances et soustenu le contenu en icelluy contre le sainct Sacre-
» ment de la messe et aultres erreurs. »

Toutefois, Bargibant est venu à résipiscence et n'a pas persisté dans son hérésie : « Toutes lesquelles erreurs, habus et
» proppositions détestables et héréticques il auroit et a depuis en
» jugement pardevant nous révocquié et persisté en icelle révo-
» cation, ayant néanmoins ledit de Bargibant encouru en la peine
» de mort contenue èsdites ordonnances. »

C'est pourquoi et vu ledit désistement, il est condamné à être
exécuté par l'épée sur le grand marché de la ville et à voir dire
que tous ses biens seront confisqués.

La sentence rendue le matin à « huys ouvers » est exécutée
l'après-midi.

Même sentence est édictée le 5 février contre Rolland de Grimaupont, sayeteur [1]. Lui aussi déclare renoncer à ses croyances.
En conséquence, il est condamné à la décapitation et à la confiscation de biens.

Seulement, il faut observer que le crime qui lui est reproché ne
consiste pas seulement dans le fait d'avoir reçu chez lui Brully, et
d'avoir prêté une oreille complaisante à ses « exhortations. » La
sentence porte qu'il a « presté accès, pour, passant par la maison
» en laquelle il fait sa résidence, aller en certaine maison pro-
» chaine, non occuppée alors par personne, en laquelle maison a
» esté faite certaine conventiculle et assemblée de grand nombre
» de gens, auxquels certain personnaige lay forain, *à présent
» fugitif*, auroit fait certain sermon et exortation, en ayant aussy
» par plusieurs fois oy les prédications et exortations d'icelluy, et
» *d'aultre semblable prédicateur* en plusieurs lieux de ladite ville. »

Ces derniers mots semblent désigner Brully. Quant à ceux-ci :
à présent fugitif, ils désignent évidemment l'un des « précurseurs » du ministre strasbourgeois, et prouvent que l'action de
ceux-ci fut contemporaine de celle de Brully ou du moins de très-
peu antérieure.

Du reste, il appert de l'en-tête commun aux trois sentences

---

[1] Fabricant de sayes ou sayettes, étoffe grossière faite avec des déchets de
laine. La sayetterie était l'une des industries les plus florissantes au moyen âge.

qu'elles sont rendues conjointement par « Charles de Thisnacq et
» Denis Van der Sare, conseillers de l'Empereur et commissaires
» depputés de par sadite Majesté, les lieutenant de monsieur le
» Bailly de Tournay et Tournésis, conseillers dudit sire Empe-
» reur et dits bailliages, et prévosts, jurez et conseil de ladite ville
» et cité. » Il va sans dire que, suivant l'usage, tous ces dignitaires et officiers assistèrent à ces supplices, qu'ils purent contem-
pler des fenêtres de la maison de ville [1].

Ces exécutions terminées, les commissaires passèrent au procès
de Mᵉ Pierre et à ceux de ses autres complices encore en prison,
mais alors s'élevèrent des difficultés, qui vinrent confirmer les
appréhensions exprimées par Tisnacq.

La première de ces difficultés fut tirée du caractère sacré dont
avait été revêtu Brully, lequel caractère semblait rendre nécessaires les formalités solennelles de la dégradation.

La seconde concernait les « réceptateurs, » qu'il restait à
juger. Bien que Tisnacq et Van der Sare ne considérassent point

---

[1] Chaque exécution était accompagnée de festins, offerts par la ville aux
commissaires présents à l'exécution. On trouve dans les comptes de la ville
de Tournay les mentions suivantes :

« A Jean de Callonne, boursier des prévotz et jurez, pour le disner par luy
» soustenu pour les commissaires de l'Empereur, nostre Sire, envoyez en
» ladite ville pour la secte Luthériane, après avoir faict les pugnicions et
» exécutions de pluiseurs, auquel disner estoient Messieurs le lieutenant et
» conseilliers des bailliages avec mesdits sieurs prévotz et jurez, par ordon-
» nance . . . . xxxvi liv. xix s. »

« A Jehan de Callonne, boursier des prévotz et jurez, pour III disners par
» luy soustenus, lorsque ont fist morir Arnould Estalluffret dit Myoche, Jehan
» de Bargibant et Rolland de Grimaupont, ci . . . xliii liv. iiii s. vi d. »

« A Pierre Snoncq, conchierge de la halle du conseil, pour la despense par-
» luy soustenue tant au disner que au souper, que lors furent exécutez
» Myoche et Bargibant pour la secte hérétiçque, auquelz disner et souper y
» furent les commissaires de l'Empereur, nostre Sire, envoyez pour ladite
» secte, les conseilliers dudit seigneur Empereur en ces bailliages, Mᵉ Hazart,
» gardien des frères mineurs et aultres notables personnaiges, avec le conseil
» de ladite ville, dont ceulx desdictz bailliages payèrent la moictié et la ville
» l'aultre, partant par ordonnance. . . . . xiii liv. iiii . »

(Notes fournies par M. Van den Broek.)

ces difficultés comme très-sérieuses, la majorité des juges décida
cependant que l'Empereur et la Reine devaient être consultés. En
conséquence, les points contestés furent couchés par écrit et deux
députés, porteurs du cahier, furent expédiés à Bruxelles, l'un par le
bailliage, l'autre par le magistrat, à l'effet d'obtenir interprétation [1].

Ce nouveau retard ne fut pas agréable, comme bien on peut le
penser, à Tisnacq et à son collègue. Cependant, quoiqu'ils n'eussent rien à faire à Tournay jusqu'au retour des deux députés, ils
n'osèrent pas quitter la ville et se contentèrent de poser à Louis
Schore et à la reine de Hongrie, la question suivante : Devaient-ils
rester à Tournay jusqu'à ce que « tous les procès des crimineulx
fuissent par sentences vuydez et terminés, » ou au contraire pour-
raient-ils retourner à Bruxelles, lorsque la suprême interprétation
serait connue, en se reposant sur le bailliage et sur le magistrat
de l'exécution de l'apostille rapportée par les deux députés [2]?

Le mémoire envoyé à Bruxelles a été découvert par nous dans
les archives du royaume de Belgique. Il est fort intéressant et
nous espérons que l'on ne considérera pas l'analyse de cette
pièce comme oiseuse. Elle contenait les énonciations suivantes :

1° En ce qui concernait Brully :

Dans ses interrogatoires, il lui a été posé la question : « *S'il
avoit esté prebstre et religieux?* » Sur laquelle question il a avoué
avoir « reçu ordre de prebstrise et esté de l'ordre des frères prescheurs du couvent de Metz, mais, depuis quatre ans, auroit délaissié le total ordre ecclésiasticque et apostatisé. »

---

[1] .« A Mᵉ Guillaume Hanneton, tierch conseiller, pour soy estre transporté à
» deux chevaulx en la ville de Bruxelles vers la M. I. pour consulter aul-
» cunes doultes survenues aux commissaires de Sadite Majesté, les conseil-
» liers desdits bailliages et conseil de ladite ville, touchant la pugnition d'aul-
» cuns prisonniers chargiez de la secte luthériane et d'aulcuns adhérens d'un
» nommé Pierre de Brully, prédicateur, auquel voyaige il a vacquié xiii
» journées, à lxviii s. pour chascune journée, soit par ordonnance . . . .
XLVII liv. XII s. »

(Note fournie par M. Van den Broek.)

[2] Tisnacq et Van der Sare à Louis Schore; les mêmes à Marie de Hongrie,
du 6 février 1545. (Pièces nᵒˢ 14 et 15 du dossier de Tournay.)

Cet aveu étant venu aux oreilles de l'official de l'évêque de Tournay, cet officier avait délivré une cédule tendant à ce que Me Pierre lui fût remis. On lui avait alors remontré 1° que le cas était grave et tombait sous le coup des ordonnances de Sa Majesté; 2° que ledit Me Pierre n'entendait pas se prévaloir du sacrement de l'ordre. A quoi l'officier ecclésiastique avait répondu qu'il n'avait pas l'intention d'apporter un empêchement dirimant à l'exercice de la juridiction des suppliants, mais qu'il laissait la sentence à la charge de leurs consciences, offrant, si on lui livrait Brully, de le dégrader et de le restituer à la justice séculière, le tout à bref délai.

En conséquence, lesdits suppliants [1] s'étaient demandé s'ils avaient le droit de juger Me Pierre et de le condamner à mort, sans préalable dégradation, « attendu de droict que il ne pooit » renoncer à l'ordre de prebstrise, *cum sit introductus in favorem* » *totius ordinis sacerdotalis, qui quidem ordo suæ personæ ad-* » *hæret, licet alias sit vitæ pestiferæ ac detestandæ.* »

2° En ce qui concernait les complices de Brully.

Ces gens, placés sous la main de la justice, pouvaient être rangés sous deux catégories :

Les uns avaient reçu le prédicant une fois chez eux et avaient assisté à d'autres exhortations.

Les autres, sans être des « réceptateurs, » avaient assisté hors de chez eux, à une, deux ou trois prédications.

Certes, les requérants (advertissans) avaient à cœur de se conformer exactement aux placards; cependant ils s'étaient trouvés, lorsqu'il s'était agi de vider les derniers procès, perplexes entre les deux partis qui s'offraient à eux. D'une part, ils éprouvaient de la répugnance à appliquer dans ce cas les placards avec une extrême rigueur et, d'un autre côté, ils n'entendaient pas renvoyer les coupables complétement absous.

Voici les raisons des doutes qui les assaillaient :

D'abord ces prisonniers étaient des gens simples, bon ménagers, ayant toujours vécu sans reproche, n'ayant jamais été repris

---

[1] C'est-à-dire les auteurs de la requête ou supplique.

de justice, ni notés comme faisant partie de la damnable secte, et cependant ils avaient souffert que Brully prêchât au moins une fois chez eux.

En second lieu, ils représentaient bien affectueusement et d'un cœur repentant que cette tolérance provenait de pure ignorance et de ce qu'ils n'avaient point eu connaissance des placards. Cette tolérance n'était donc point « doleuse » et, du moment que le dol (intention mauvaise) n'existait pas, le droit ne permettait point d'édicter la peine capitale. Il était bien vrai que cette règle souffrait exception en matière de crime de lèse-majesté. Malgré cela, les suppliants pensaient qu'en matière de crime, il ne pouvait être fait d'extension d'un cas à l'autre.

D'ailleurs le cas des prisonniers, bien que l'observation des placards n'eût point été entière, ne pouvait être baptisé du nom de « cas de lèse-majesté divine et humaine. »

En conséquence, ces gens, étant « de bons, paisibles et simples » mesnaigiers, exerceans diligemment leurs œuvres manuèles » pour la sustentation d'eulx, leurs femmes et enffans », il semblait à quelques-uns des commissaires que, *pour cette fois*, on pouvait se dispenser de leur appliquer l'ordonnance impériale avec la dernière rigueur, en leur recommandant de ne plus jamais converser ni communiquer avec des individus suspectés d'hérésie, comme aussi de ne plus récidiver, à peine du dernier supplice.

Enfin, à l'appui de leur requête, les commissaires faisaient valoir que leurs prisonniers, enquis et interrogés sur leurs croyance et foi, avaient répondu « catholicquement » ou au moins « dubitablement [1]. »

En ce qui concernait le cas de Me Pierre et les prétentions de l'official, la réponse de l'Empereur ne pouvait être douteuse. Charles-Quint, l'un des princes les plus jaloux de leur autorité qui aient jamais existé, se tenait en défiance à l'égard des juridictions ecclésiastiques ou spirituelles, qui, suivant lui, énervaient sa propre autorité. C'est ainsi que nous le voyons, en 1521 et 1522 (les

---

[1] Pièce n° 16 du dossier de Tournay.

5 avril 1521 et 10 décembre 1522), promulguer deux édits qui
témoignent de ces sentiments et de ces dispositions. Ces actes ne
s'appliquent, il est vrai, qu'au pays et comté de Flandre, mais nul
doute que ces principes, il les ait appliqués ailleurs. Par le premier de ces actes, l'Empereur avait décrété que « les officiaux et
» juges ecclésiastiques seraient tenus à l'avenir de libeller leurs
» citations, afin que les laïcs, appelés devant eux, pussent déli-
» bérer sur ce qu'ils auraient à faire, et discerner s'ils étaient,
» oui ou non, tenus de comparoir devant les cours spirituelles. »
Sans doute, il jugea que cet édit était insuffisant, car, par le second, il ordonna et statua que nul, quel qu'il fût, ne pourrait
désormais « citer, attraire, traveillier ou aultrement molester
» aucunes personnes lays par actions personnelles, réelles, mixtes,
» prophanes et civiles, ailleurs que devant leurs juges tempo-
» rels. » En conséquence, les juges et officiers spirituels devaient
s'interdire de décerner et d'expédier aucunes citations et moni-
tions dans les matières dont la connaissance appartenait aux juges
laïques [1].

Restait à trouver le moyen de ranger les affaires d'hérésie
parmi les causes « prophanes » et, à première vue, la chose
paraissait être difficile, car l'hérésie dépendant de l'interprétation
des questions de dogme et le clergé ayant alors seul la compétence officielle pour se prononcer sur celles-ci, il semblait que les
affaires intéressant la foi dussent être appelées devant les cours
ecclésiastiques. La difficulté fut cependant tournée. Les hérétiques furent considérés comme des infracteurs des placards, pour
des contempteurs de la Majesté royale, *en un mot comme des*
séditieux. Or, non-seulement la sédition était un cas profane,
mais encore presque partout un cas royal, dont la connaissance
était remise aux officiers de justice du prince. Dans certaines localités cependant et en vertu d'anciennes coutumes et traditions,
le magistrat n'était pas dépossédé [2], mais on lui enjoignait de se

---

[1] Jules Houdoy. — *Le privilége de non-confiscation dans la châtellenie*
de Lille. (Chapitres de l'HISTOIRE DE LILLE ; brochure in-8°, pp. 54 et 55.)

[2] Notons que, sans le déposséder, on lui adjoignait continuellement des
commissaires royaux ou impériaux.

conformer auxdits placards, de telle sorte que, pour le prince, tout était bénéfice, car — d'une part — il évitait la juridiction ecclésiastique; — de l'autre — il imposait ses édits spéciaux, surtout au point de vue de la confiscation qui lui profitait.

C'est donc sans surprise que nous voyons la Gouvernante donner gain de cause à la juridiction civile. Le 13 février, elle écrit à Tisnacq et à Van der Sare qu'elle a trouvé leur « besognyé bien » bon » et qu'elle les autorise à quitter Tournay, aussitôt après le supplice de Brully. Ils doivent toutefois s'être assurés auparavant que le magistrat, dans les sentences qui restent à rendre, adjugera la confiscation, sans soulever aucune de ces difficultés qui surgissent sans cesse des priviléges locaux de Valenciennes, Lille, Arras, etc.

Le même jour, elle requiert Jean d'Oignyes « de vouloir faire bonne diligence et tenir songneulx regard que la justice soit faite des culpables. »

Dans les deux lettres, nous voyons que l'ordre d'exécution fut transmis le même jour, 13 février, en deux expéditions, destinées la première au magistrat, la seconde au bailliage [1].

Ce n'était pas du moins sans qu'il eût été fait quelque effort pour le sauver que Brully allait mourir. Le sort qui l'attendait remuait non-seulement Strasbourg, mais encore l'Allemagne. Justement les princes protestants et les ambassadeurs des États luthériens ou réformés étaient rassemblés à Worms, où une Diète allait s'ouvrir. Ils résolurent de s'adresser à l'Empereur lui-même pour obtenir la grâce du prédicant. Le duc de Saxe et le landgrave Philippe de Hesse se firent les organes de leurs coreligionnaires et signèrent les lettres qui furent adressées à Charles-Quint. Ce message n'eut aucun résultat. Seulement il s'agit d'établir pourquoi.

Crespin est généralement bien informé, parce qu'il se sert de renseignements pris sur les lieux. Sans doute il arrange un peu ses récits dans le sens de ses croyances et des intérêts de la religion réformée, mais il n'est point un fanatique. Nous ne pouvons cepend.

---

[1] Pièces nos 17 et 18 du dossier de Tournay.

dant admettre sa version au sujet de la démarche des protestants allemands. Suivant lui, celle-ci aurait été infructueuse, ou parce que la lettre serait arrivée trop tard, ou, pour employer les expressions de l'hagiographe, « *parce que Granvelle, d'une ruse* » *accoutumée, l'auroit supprimée jusques après l'exécution der-* » *nière de Brully, comme il en estoit le bruit au Pays-Bas.* » Cette dernière assertion paraîtra inacceptable à tous ceux qui connaissent un peu l'intérieur de la cour impériale. Et d'abord, de quel Granvelle s'agit-il? Non évidemment d'Antoine Perrenot, évêque d'Arras, qui ne prit ce nom que lors de sa promotion au cardinalat (1561). Ce serait donc son père, Nicolas Perrenot de Granvelle, qui serait ainsi désigné. Assurément l'ancien juriste comtois était devenu le personnage le plus influent de l'Empire. Il n'était pas un grand seigneur comme le comte Henri de Nassau, comme le comte Charles de Lannoy, ou bien encore comme Philibert ou René de Châlon, princes d'Orange, comme le duc d'Albe, etc.; mais il était effectivement le premier conseiller de l'Empereur (titre qu'il portait); il était son homme de confiance et d'intimité, son bras droit, son *alter ego*, le possesseur des secrets d'État. Toute cette haute faveur ne l'empêchait pas d'être vis-à-vis de l'Empereur très-discret, très-soumis, très-respectueux et plein de déférence. Il est même probable qu'il dut le rapide progrès de sa fortune, non-seulement à son goût pour le travail, à sa pénétration, à son habileté diplomatique, mais encore à cette souplesse de caractère que l'on remarque au moyen âge et pendant le XVIe siècle chez la plupart des hommes d'État sortis de la magistrature. Et ce serait ce ministre qui aurait pratiqué à l'égard de Charles-Quint, toutes les fois que cela lui eût convenu, le système de dissimulation dont parle Crespin? Ceux qui connaissent la hauteur de caractère de l'Empereur et la distance à laquelle il tenait ceux-là mêmes qu'il favorisait le plus, ne pourront s'empêcher de sourire de cette hypothèse.

La seule raison que Crespin aurait pu alléguer, (en supposant qu'il l'ait connue), c'est que Charles-Quint fut, à partir du 1er décembre 1544 et pendant quelques mois, en proie à une effroyable attaque de goutte, à la suite de laquelle il ressemblait plus, dit un ambassadeur de Venise, à un spectre qu'à un homme [1]. Mais ce n'est pas là une raison ; précisément parce que l'Empereur ne pouvait sortir, monter à cheval, chasser, il n'en avait que plus de temps pour s'occuper des affaires de l'État, qui constituaient son unique distraction. Et d'ailleurs, en le supposant empêché, est-ce que la reine Marie de Hongrie n'était pas là avec son activité dévorante, son caractère entier, son esprit viril, sa prétention de tout voir et de tout diriger dans les Pays-Bas? Il suffit de parcourir, aux pièces justificatives, les nombreux documents émanés soit de la Reine, soit de l'Empereur lui-même, pour être parfaitement convaincu qu'une circonstance aussi importante que l'intervention des princes allemands n'aurait pu leur être dissimulée. Faisons observer enfin que Granvelle qui, le 20 février 1545, dut quitter Bruxelles pour aller ouvrir la Diète de Worms au lieu et place de son maître malade, avait bien autre chose à faire que de s'occuper de Brully.

Rangeons-nous donc plutôt à la version unique de Sleidan : le message, dit-il simplement, arriva trop tard [2], et disons ce qui apparaîtra à tout le monde comme la vérité, à savoir : qu'à partir de son arrestation, Brully fut pris dans un engrenage d'où il ne pouvait sortir vivant. Le ministre, à ses derniers moments, dut recevoir de bien précieuses consolations de sa sœur chérie, Catherine. Nous sommes surpris, à la vérité, qu'il ne soit question de celle-ci dans aucun de nos documents. Cependant, en présence du langage tenu par le prédicant dans les lettres dont nous allons parler, il est difficile de révoquer en doute que Catherine Brully se soit rendue à Tournay, où elle fut admise à voir son frère,

---

[1] C'est pendant cet accès de goutte, l'un des plus forts qu'il ait éprouvés, qu'il dit, en leur montrant ses mains noueuses, aux négociateurs français qui lui apportaient à signer des actes additionnels au traité de Crépy en Valois : « Beau victorieux, n'est-ce pas? que celui dont la main, loin de » soutenir le poids d'une épée, ne peut même pas supporter celui d'une » plume! »

[2] « Sed id fuit aliquantò serius, et priusquam hæ litteræ perferrentur, jam » erat sublatus è medio. »

puisque ce fut elle qui rapporta à Strasbourg les suprêmes adieux de M⁰ Pierre à sa femme et à ses amis [1].

Aussitôt qu'il connut le sort qui l'attendait, le prédicant voulut se mettre en règle vis-à-vis de ceux qu'il aimait. Le 18 février, il écrivit pour la dernière fois à sa femme et à ses amis. Ces lettres sont belles, graves et touchantes. Elles respirent le calme, la résignation, la sérénité d'esprit. Il faut les lire en entier, et c'est pourquoi nous ne nous en sommes servi que pour en tirer quelques renseignements privés sur Brully et sur les siens [2].

Le jeudi 19 février 1545, au matin, les commissaires condamnèrent Brully « d'estre ataché à une estaque sur le grand marchié » de ladite ville et illecq estre bruslé et consumé en cendres, en » déclarant ses biens confisquiez. » La sentence fut prononcée comme les autres, « à huys ouvers, présent bien grand nombre » de peuple pour ce assemblé. » Comme elle ne relate que des faits connus, nous y relèverons simplement la preuve que le ministre ne fut pas soumis à la torture [3].

Quelle foi convient-il d'ajouter à J. Sleidan et à Jean Crespin, lorsqu'ils avancent que le prédicant fut brûlé « à petit feu » [4]?

---

[1] « Au reste, je le recommande notre sœur Marguerite, *à laquelle ay donné* » *ces présentes, pour te les rendre.* Elle m'a *déclaré* qu'elle veut se retirer » avec vous.... ». Et Sleidan ajoute, relativement au transport de la lettre: « *usus ministerio sororis.* »

Il semblerait même que Marguerite Brully ne partit pas seule de Strasbourg et qu'elle fut aidée dans les soins donnés à son frère par une femme veuve qui l'accompagnait. C'est du moins ce qui paraît résulter du passage suivant d'une lettre écrite par Poulain à Calvin, de Strasbourg, le 16 des calendes de décembre, anno 1545. « Baptista noster ante aliquot menses fidem » dederat *cuidam viduæ, quæ Petro nostro in vinculis Tornaci servivit.....* » (*Op. omn.,* t. XII, 217.)

[2] Voir Jean Crespin « *Histoire des Martyrs. — Rabus. Martyrologium* /*us* *Ludovici Rabi,* » parte VI, pp. 131, 147. — *Sic. Gerdesii historia evangelii renovati,* parte III, doc. p. 96.

[3] « Veu le proces... fait et démené tant par informations, interrogatoires et » confessions dudit Pierre, *librement et sans aulcune contraincte faites,* etc. » — Cette mention n'est pas dans les sentences précédentes.

[4] « Supplicii genus erat vehemens, nam *igni non magno* fuit exustus, ut » tantò majùs esset cruciatus. » (J. Sleid.)

Il nous serait difficile de nous prononcer sur ce point, la sentence restant muette sur ce raffinement de cruauté. Tout ce qu'il nous est permis de dire, c'est que Brully ne fut point autorisé à parler au peuple, mais que, jusqu'à son dernier soupir, il ne cessa d'élever la voix pour confesser sa foi et pour engager ses disciples à persévérer dans leur croyance [1].

Le supplice de Me Pierre fut presque immédiatement suivi des exécutions de Jacques De le Tombe, cousturier, natif de Roubaix, et de sa femme, Marie de le Pierre.

Les époux De le Tombe ne furent ni l'un ni l'autre soumis à la torture. Leurs sentences portent en effet que leurs interrogatoires et confessions ont eu lieu « *librement, sans aucune constraincte.* » L'arrêt rendu contre De le Tombe le déclare convaincu « d'avoir
» sousteneu en sa maison certaine conventicule et assemblée de
» grand nombre de gens, auxquelles certain personnaige lay et
» forain, de la secte héréticque et réprouvée, aurait fait certain
» sermon et prédication, en ayant aussy par plusieurs fois oy les
» prédications et exhortations dudict personnaige en certaine
» aultre maison de ladite ville. » On remarquera que Brully n'est pas nommé et que ces mots : *à présent prisonnier*, qui auraient permis de le reconnaître sûrement, ne figurent pas dans le dispositif. La sentence rendue contre Marie de le Pierre est plus explicite. Elle est déclarée convaincue « d'avoir sousteneu et assisté
» en sa maison ledit personnaige lay et forain, de la secte héré-
» ticque et réprouvée, et permis en sadite maison certaine con-
» venticule et assemblée de grand nombre de gens, auxquels
» ledict personnaige avoit fait certain sermon et prédication, en
» ayant aussy par plusieurs fois oy tant les prédications et exhor-
» tations dudit personnaige en plusieurs maisons de la ville que
» hors d'icelle, et aussy oy plusieurs aultres prédications en aul-
» cunes maisons d'icelle ville de certain aultre prédicateur aussy
» lay et forain, *à présent fugitif.* »

De la comparaison de ces deux sentences, il semble résulter que les époux De le Tombe ont donné asile à Brully et prêté l'oreille à

---

[1] « Doctrinam suam extremum usque spiritum confitebatur et discipulos...
» ad constantiam hortabatur. » (*Ibid.*)

ses instructions, et que de plus la femme De le Tombe a assisté aux prédications de l'un des « précurseurs » du ministre strasbourgeois.

Quoi qu'il en soit, le lundi 23 février 1545, au matin, De le Tombe et sa femme furent condamnés « à huys ouvers », savoir : le mari, à avoir la tête tranchée sur le grand marché de Tournay, (sans doute il était résipiscent), et la femme, à être exécutée par la fosse en terre, toujours au même lieu.

Les deux sentences, prononçant en outre la confiscation des biens, furent exécutées le même jour après midi [1].

A la suite de ces exécutions, des billets ou libelles diffamatoires, dirigés tant contre les ecclésiastiques de la ville que contre d'autres personnes, furent semés dans les rues de Tournay. Nous voyons, en effet, la Reine de Hongrie écrire, le 8 mars 1545, au lieutenant et aux conseillers du bailliage et leur recommander de rechercher tant les auteurs que les propagateurs de ces libelles, « pour après en faire pugnition condigne à l'exemple d'aultres [2]. »

Nous regrettons de ne pouvoir indiquer ici les noms de ceux des adhérents de Brully, que l'on ne voulait pas punir de la peine capitale, sans pour cela les renvoyer absous. Les registres des sentences criminelles de la ville de Tournay sont muets à cet égard.

Ce qui est certain cependant, c'est qu'ils ne restèrent point impunis. Deux choses le prouvent, c'est d'abord une lettre de la Gouvernante au procureur impérial près le bailliage de Tournay, en date du 7 mars 1545. Marie de Hongrie, après lui avoir recommandé « de s'informer des biens des exécutés pour y garder le droict de Sa Majesté, » lui enjoint d'envoyer à Bruxelles le double

---

[1] « Audit Jean de Callonne, pour diners par luy soustenus, lorsqu'on fist » exécuter Jacques de Le Tombe, sa femme, et ledit Mᵉ Pierre Brully, prédi- » cateur, par ordonnance . . . . xxxiii liv. »

« A Pierre Tinchons, dit Snoncq, pour ii escotz par luy soustenus, aux- » quelz furent les commissaires de l'Empereur, nostre Sire, sur le faict de » la secte luthérienne, ceux des bailliages et aultres chefz de ladite ville, » pour ce que lesdits du bailliage ont payé quelque partie, et ce icy par » ordonnance. . . . . xxii liv. xvii s. »

(Comptes de la ville de Tournay du 1ᵉʳ avril 1545 au 31 mars 1546. — Note communiquée par M. Van den Broek.)

[2] Pièce nº 19 du dossier de Tournay.

de l'information tenue par lui avant l'arrivée de Tisnacq et de Van der Sare contre les individus suspects d'hérésie [1].

C'est, en second lieu, un passage des comptes de la ville (du 1er avril 1545 au 31 mars 1546), lequel prouve que le magistrat revendiqua « la cognoissance » des *manans bannis criminellement* pour la secte luthérienne [2].

Ainsi donc ces sectaires auraient été condamnés au bannissement et, suivant toute probabilité, la revendication du magistrat s'applique au cas où ils se seraient représentés pour purger leur contumace.

Nous ne savons ce que devint Catherine Brully. Quant à la veuve du prédicant, elle épousa en secondes noces Me Élie, pasteur réformé d'Alsace, qui avait d'abord été prieur dans un monastère de la province du Hainaut [3].

[1] Pièce n° 20 du dossier de Tournay.

[2] « A Me Jean de Haultbois, second procureur (pensionnaire) pour avoir
» esté en ladite ville de Bruxelles présenter certaine requeste au conseil privé
» tendant ad fin que Mrs Prévotz et jurez, comme haulx justiciers, euissent la
» cognoissance des mannans de ladite ville, *bannyz criminellement* pour
» ladite secte lutérianne, où il a vacquié xv jours, à xxxIIII solz par jour,
» soit par ordonnance. . . . . xxv liv. x s. »

[3] Nous devons ajouter ici, pour terminer ce que nous avons à dire de Brully, que le courage avec lequel il endura son supplice pénétra d'admiration ses coreligionnaires et notamment ceux qui l'avaient le mieux connu. Plusieurs d'entre eux expriment le vœu qu'il leur soit donné de suivre son exemple. C'est ainsi que Guymonnœus, dans cette lettre à Calvin à laquelle nous avons déjà emprunté un passage, s'exprime en ces termes : « De pastore nostro
» domino Petro constans fama est constanter pro Christi nomine mortuum esse
» Tornaci et duos alios cum eo exustos esse. Episcopus Tornacensis magnâ
» in eum usus est inhumanitate, biduo antequam moreretur. De eo nihil
» præterea scribo, quia te puto certiora et veriora ex literis D. Buceri et alio-
» rum scire quam ex meis. Hoc tamen addam me plurimum gratulari pastori
» Petro, et Deo optimo maximo gratias ago per Jesum Christum, qui tantâ
» constantiâ et animi fortudine eum donàvit, quam etiam nobis omnibus non
» denegabit, si res ita postulet..... Certè nobis erit exemplo et aliis, quod
» utinam sequamur, si modò ad hoc a Deo vocati fuerimus. Dei enim est singu-
» laris vocatio, qui eos novit quos tanto honore dignos existimat. » (28 avril
1545; *Op. omn.*, XII, 69.)

AFFAIRES DE TOURNAY.

PIÈCES JUSTIFICATIVES.

I.

L'Empereur Charles-Quint à Jean d'Oignyes, gouverneur des ville et château de Tournay [1].

Du 5 décembre 1544.

Minute, inédit. — Audience, liasse 25.

L'EMPEREUR ET ROY.

Très chier et féal, nous avons entendu que détenez prisonnier ung pres cheur venant de Staesbourg, nommé Pierre Brulay, envoyé, comme il dit, de Martin Buserus [2], soy intitulant ministre de la foy, qui auroit presché de nuyt et hors d'heure à Tournay, Lille, Valenciennes et Arras, en présence de plusieurs personnes, sans les cognoistre, comme il dit. Et pour ce que Martin Buserus est entièrement desvoyé de nostre saincte religion, comme vraysamblablement est son disciple, et que n'entendons tollérer en noz pays tels preschéurs incognuz, tenans assamblées secrètes, mais iceulx estre puniz selon la teneur de noz ordonnances, nous vous ordonnons et à toute diligence nous envoyer toutes les lettres, tiltres et livres que ledᵗ Brulay avoit sur luy à l'heure de son appréhension, ou que depuis avez trouvé en son logis ou

---

[1] Jean d'Oignies avait succédé à Philippe de Lannoy, chevalier de la Toison d'or, son beau-père, décédé en 1535.

[2] Martin Bucer.

4

aultrement, et aussy sa confession en la plus grande diligence que faire
pourez, pour les povoir faire veoir et ouyr le rapport avant nostre partement
vers la Germanie [1], que sommes comtrainct de accélérer, et après vous ordonner ce que aurez à faire.

A tant, etc.

De Gand, le v[e] de décembre, XV[c] XLIIII.

Nostre très-cher et féal chevalier, le seigneur d'Ognies, gouverneur et capitaine de Villers, etc.

———

II.

Charles-Quint à Charles de Tisnacq, conseiller de Brabant.

Du 23 décembre 1544 (?)

Minute, inédit. — Audience, liasse 25.

L'EMPEREUR ET ROY.

Chier et féal, nous vous envoyons avec cestes l'instruction que, ces jours
passez, avons fait dresser sur notre advocat fiscal de Flandres, Me Franchois [2]
de Bruyn, de ce qu'il avoit à faire et besognyer à Tournay, Valenciennes et
allieurs. A quoy, pour certain accident de maladie à luy depuis survenu, il
ne pourroit bonnement vaquer ny entendre. A ceste cause vous avons sur-
rogué et commis en ses lieux, vous requérant et ordonnant faire ledit voyage
et vous employer à la direction des affaires mentionnez en ladite instruction,
selon l'importance et l'exigence d'iceulx et la confyance que avons en vous.
Et à cest effest vous envoyons jointement plusieurs lettres de crédence,
servans à ce que direz ou escriverez à ceulx à qui elles s'adressent.

A tant, etc., [3].

A nostre chier et féal conseillier en Brabant, Me Charles de Thisnacq.

[1] Charles-Quint devait se rendre à la diète impériale à Worms; il en fut tout
d'abord empêché par la goutte. Perrenot de Granvelle l'y précéda, et partit à cet effet
de Bruxelles le 20 février 1545.

[2] Erreur de prénom. De Bruyn était prénommé Jean et non François. Il fut plus
tard procureur général au conseil provincial de Flandre et commissaire royal à Valenciennes après le siége de 1567.

[3] Non datée, mais sans doute du 23 décembre 1544, comme les lettres de crédence.

———

III.

Lettres de crédence délivrées à Charles de Tisnacq, avant son départ pour Tournay et adressées à qui besoin sera.

Du 23 décembre 1544.

Minute, inédit. — Audience, liasse 25.

L'Empereur et Roy.

Chier et bien amé, nous avons donné charge à nostre amé et féal conseillier Me Charles Thisnacq de vous dire ou mander de nostre part aucunes choses que avons fort a cueur. Si vous ordonnons et expressément enjoignons adjouster foy à ce qu'il vous en dira ou escripvra, et regarder de le mettre en exécution sans délay ou tardance quelconcque.

Et en ce ne faites faulte, comme qu'il soit sur autant que désirez nous obéyr, et doubtez [1] d'encourir nostre indignation.

A tant, chier et bien amé, nostre seigneur vous ait en garde. Escript à Gand le xxIII^e jour de décembre XVe XLIIII.

A noz chiers et bien amez les rewart, mayeur et eschevins de nostre ville de Lille.

Au lieutenant de nostre gouvernance de Lille [2].

Au bailly de Lille.

Au prévost de nostre ville de Lille.

Au gouverneur d'Arras [3] ou son lieutenant.

Aux mayeur et eschevins de nostre ville d'Arras.

Au lieutenant de la gouvernance de Lille et Douay [4].

Au bailly de Douay ou son lieutenant.

Aux eschevins de Douay.

Aux prévost, jurez et eschevins de nostre ville de Vallenciennes.

Au bailly de St Omer, ou son lieutenant.

Au prothonothaire d'Estrées.

A vénérable nostre très chier et féal conseillier messieurs [5] et d'Ognyes, prévost de noz gouvernances de Mons et de Nyvelles.

---

[1] Craignez.

[2] Le seigneur de Beaulaincourt.

[3] Jean de Longueval, seigneur de Vaulx, gouverneur des bailliages d'Arras, Avesnes-le-Comte et Aubigny.

[4] Ne pas confondre avec la gouvernance proprement dite de Lille. Il s'agit ici de la gouvernance de la province appellée : Châtellenies de Lille, Douay et Orchies.

[5] Blanc à la pièce.

A maistre Pierre de Lièvre [1].

Au mayeur de Valenchiennes [2].

v ou vi lettres de crédence aux eschevins de Valenchiennes, en laissant le nom au blancq, mettant : chier et bien amé.

—

IV.

Le commissaire Charles de Tisnacq à Louis Schore, président du conseil privé (à Bruxelles).

Du 30 décembre 1544.

Autographe, inédit. — Audience, liasse 25.

MONSEIGNEUR, MONSEIGNEUR LE PRÉSIDENT DU PRIVÉ CONSEIL DE SA MAJESTÉ.

Monseigneur, je suis arrivé en ceste ville le jour de Noël sur le soir, et lendemain, du matin, me suis transporté devers monsr le gouverneur et aultres [3] pour présenter mes lettres, ce que n'estoit possible faire le soir de mon arrivée, quant au gouverneur, pour la closture du chasteau. Après disner, nouz sommes assamblez chez ledict gouverneur pour résouldre quand polrions commencher à besoingner, et a esté conclu à ladicte assemblée que l'on le différeroit jusques lendemain à matin, pour ce qu'il estoit besoing de présence d'aultres, lesquelz convenoit aussy appeler à l'examination de Me Pierre, tellement que ne fut procédé à ladicte examination que le xxviie du matin. Et pour ce que à icelle plusieurs tant du balliage que des jurez [4] se y trouvarent, venans les ungz devant les aultres, aprez tous toutesfois du conseil [5] et de la loy, et comme entens qu'ilz ont de coustume, et qu'il me

[1] Pierre Lelièvre, docteur ès-lois, prévôt de St-Jehan et de Sebourg, inquisiteur de la foi à Valenciennes, prévôt de la ville en 1546 et 1549.

[2] Le mayeur de Valenciennes était l'officier civil du prince, de même que le Prévôt-le-Comte en était l'officier judiciaire et criminel.

[3] Voir à la pièce nº 3 les différentes autorités constituées à Tournay, auxquelles Tisnacq devait présenter les lettres de créance.

[4] Ou échevins. Généralement les échevins des villes du Nord prenaient le nom de jurés, lorsqu'ils siégeaient en matière criminelle.

[5] Le sens de ce mot : conseil est difficile à déterminer. Il ne peut s'agir ni des juges du balliage ni des échevins qui sont cités à part.

Ce mot ne désignerait-il pas les conseillers pensionnaires qui à Tournay étaient au nombre de trois ? Ils constituaient en effet le conseil du magistrat.

sembloit estre choze dangereuse besoingner en tel affaire en présence de tant des tesmoings, pour la divulgacion, me suis advisé avec le lieutenant [1] premièrement, et, après, il et moy en avons parlé au seigneur gouverneur, et ce avant l'heure préfixe à l'assemblée d'après disner, et fut conclu que ne continuerions sinon avec petit nombre et ceulx qui furent lors dénommez, que fut aussy cause de ne besoingner plus ledict jour en ladicte examination, pour ce qu'il failloit prendre quelque prétext pour se desfaire honestement des aultres, lequel fut prins par moyen ou colleur [2] d'aultre ocupacion dudict gouverneur, comme qui ne y pouvoit lors vaquer et désiroit toutesfois y estre présent, tellement que, pour ne perdre temps, oysmez lors quelques tesmoingz sur le faict du bally de la damoiselle de Fresne, qui (comme avions entendu) avoit esté quelques jours paravant en ceste ville [5]. Et a esté l'examination de M⁃ Pierre achevée au prismes hier avant disner. Après disner, a esté advisé, en présence de ceulx qui y debvoient estre [4], sur le faict des manans ès maisons descouvertes [5], esquelles ledict M⁃ Pierre et son précurseur Antoine [6] avoient faict leur prédications. Et pour ce qu'il s'est trouvé que aucunes femmes des mariz prisonniers ou fugitifz n'estoient appréhendées, a esté prinse conclusion sur l'appréhension d'icelles et inventarisation des biens encoires non annotez.

Il m'a semblé estre expédient vous envoier la confession dudict M⁃ Pierre sur les articles de mon instruction [7], rédigée par escript par le greffier du bailliage à mon examination, pour ce que par icelle polrez plus amplement entendre tout ce que s'est peu tirer de luy, et pour éviter cause de plus longue lettre ; vous priant touttesfois me la vouloir renvoier par ce porteur, pour ce que ledict greffier n'en debvroit donner aultrement aultre double, à quoy il n'a bonnement le temps pour les aultres occupacions, et n'est expédient de la faire doubler par personne tierce [8].

A ce matin, besoignerons en l'examination des femmes selon la résolucion

---

[1] Évidemment le lieutenant du bailliage, M⁃ Jehan Bacheler, seig⁃ de Roissart, licencié ès-lois.

[2] Couleur, prétexte.

[3] Voir plus loin.

[4] Tisnacq ne les désigne pas autrement.

[5] Ils étaient prisonniers. Argument à *contrario* tiré de ce que leurs femmes avaient été laissées en liberté.

[6] Ainsi Bruslé avait été précédé par un autre prédicateur, nommé Antoine (voir les sentences contre Rolland de Grimaupont et les époux de Le Tombe où Antoine est indiqué comme fugitif).

[7] Les interrogations se faisaient sur questions préparées et délibérées en conseil. (Voir dans le 1er volume de notre histoire des troubles religieux de Valenciennes, l'instruction délivrée dans l'affaire de Jacques Régnier.)

[8] Toujours à cause du secret à garder.

d'hier appréhendées et continuerons par après d'interroger les aultres prisonniers. Quant audict Me Pierre, il semble qu'il dict sincèrement et sans dissimulation ce qu'il sçait, et qu'il n'y a apparence de sçavoir plus avant par torture; aussy, comme entenderez, pour estre prebstre et Jacoppin apostat, y a empescement de y procéder pour le présent.

Je ne fauldray d'escripre incontinent à ceulx d'Aras quant au faict des adhérens d'illecq et ne faitz doubte que Jean Crispin [1] ne soit illec assez cogneu et que, par le moyen de luy, aultres se polront illec descouvrir plus avant. Et semblablement à Lille, et la responce de ceulx d'illec entendue, regarderey s'il sera besoing que je y aille en personne et, par la prinse de Me Extasse Duquesnoy, aliàs dict Quercetanus, se polra, comme semble, trouver cognoissance des aultres complices de ladicte ville; et n'a esté possible de y entendre plus tost pour les aultres occupacions précédentes.

Il se trouve qu'il y a deux bailliz quant au faict de la damoiselle de Fresne; l'ung est le sien ou de son mary, estant aussy son maistre d'hostel qui a esté, (selon que trouvons) dernièrement, asçavoir passez xv jours, en ceste ville et tint icy propos à ung souldoier du chasteau dudict Me Pierre, prisonnier, demandant s'yl prêchoit audict chasteau et pourquoy il ne polroit dire la vérité, adjoustant qu'il y auroit dangier pour ceulx de la ville au quartier de Straesbourg, en cas que luy fut faict desplaisir, voire pour l'Empereur, sy Sa Mté n'y alloit la plus forte, comme se trouve par la déposition dudt souldoier seul. L'aultre bally seroit appellé Maldonat et est au Seigr de Lallaing ou de Bréda, estant de présent à Couloigne, comme entenderez, et semble, selon que aulcuns dient, que ledt Maldonat y soit aussy, ou i a trespassé; et sembleroit que ce seroit le premier qui auroit esté à Douay, lors que y fut ledict Me Pierre. Et ne trouverez par la confession dudict Me Pierre aucune charge quant à ladicte damoiselle, son mary ou bailly, et n'ay aultre choze de bailly que soit que la déposition susdite dudict souldoier. Pourquoy vous plaira m'escripre quelque mot de vostre advis quant au voiage à Douay, si d'avanture ne se trouvoit davantaige.

Les maisons esquelles avoient esté faictes les prédications secrètes avoient esté descouvertes avant ma venue, pourquoy ne sera besoing de transporter le prédicateur ausdicts lieux; et Daniel Itero, Staffin et Antoine sont assez icy cognuz mais sont fugitifz, à cause de quoy n'a esté besoing d'en faire soigneuse investigacion, par la confession dudt Me Pierre, qui aultrement en a aussy dict ce qu'il en sçavoit.

Monsieur le gouverneur désire avoir responce et ordonnance de Sa Majté, quant au messagier de Straesbourg qui a apporté les lettres du Sénat d'illec, icy détenu prisonnier, honestement touttesfois, pour sçavoir s'il ne le debvera eslargir, veu qu'il n'a meffaict aultrement qu'en apportant ses lettres, et

---

[1] L'auteur du livre des Martyrs.

quelle responce Sa Maj[té] entent qu'il face de sa part à ceulx de ladicte ville.

Il y a doubte que ledict Daniel Itero soit allé en Anvers, mais l'on pense aussy qu'il soit passé oultre.

Le messagier présent, que ay pris et choisy par l'advis du prévost gaingne un carolus par jour, car il luy fault prendre un cheval de louaige. Considérez que les messaigiers de ceste ville ne sont montez. Parquoy vous plaira le despescer le plus tost qu'il sera possible, et me pardonner que n'ay escript plus tost, car il ne m'a esté possible pour les aultres occupacions, et m'a fallu gaigner le temps à donner à ceste et aultre choze hors d'heure, et la confession n'a peu estre preste sinon maintenant.

Il vous plaira aussy m'advertir sy ne debvray escripre à l'empereur ou à la royne de ce qui surviendra.

Le bruyct court icy qu'il y a bien grant nyd et compaignie d'héreticques. Dieu veuillé donner par sa grâce que les aultres se puissent descouvrir et vous donner, monsieur, ce que luy sçaurez bien demander.

De Tornay, ce xxxe de décembre 1544. Je vous envoie aussy un billet des prisonniers, sans les femmes susdites, desquelles n'ay encorres les noms [1].

Vostre très humble serviteur,

CHARLES DE TISNACQ.

Monseig[r], Monseig[r] le président du privé conseil de Sa Maj[té].

——

V.

Le conseiller Charles de Tisnacq à Louis Schore, président du conseil privé à Bruxelles.

Du 31 décembre 1544.

Original, inédit. — Audience, liasse 25.

Monseigneur, depuis mes précédentes est survenu que l'official de l'évesque de Tornay a décerné lettres d'inhibition d'ultérieures procédures contre la personne de Me Pierre de Bruslay, prisonnier, et furent lesd. lettres intimées au gouverneur de ceste ville, en présence de noz tous, et fut respondu à l'exécuteur [2] que l'on ne créoit que le prisonnier estoit de la jurisdiction ecclésiastique; ce néantmoins que l'on advertiroit Sa Maj[té] dud[t] exploict, pour après estre faict comme de raison, dont vous ay voleu advertir de bonne heure,

---

[1] Voir la pièce n° XXIX du dossier de Tournay.
[2] L'officier chargé de la signification.

sy d'avanture aucun empescement se polroit mectre au transport dud^t prisonnier, lorsqu'il sera besoing de le faire, affin que puisse estre garny en temps de ce que se debvra respondre de par sad^{te} Majesté.

J'ay ce jourd'huy matin despécé lettres au seig^r d'Estrées, ceulx d'Arras et de Lille, et envoïé extrait hors la confession dud^t prisonnier de ce que povoit toucher les complices de Valenciennes et aultres susd^{tes} villes. J'espère que Me Eustasse, demeurant à Lille, et J. ou L. Crispin [1], demeurant aud^t Arras, seront bien cogneus illec pour procéder à l'apréhension. Led^t seig^r d'Estrées m'a escript, et ay receu ses lettres à ce matin, qu'il ne bouge de Mons jusques à recevoir de mes nouvelles, à quoy ay satisfaict amplement de présent. Il a esté d'advis que mandasse devers moy Me Pierre Le Lièvre, pensionnaire de Valenciennes, pour communicquier avec luy verbalement du faict de lad^{te} ville, lequel, comme ay espoir, polra bien estre icy demain. M'a aussy escript avoir entendu dud^t pensionnaire que se sera chose bien dangereuse de transporter led^t prisonnier selon ma charge; dont vous ay bien voleu advertir pour l'espoir que j'ay de pouvoir encorres avoir de vous advis sur ce, avant que il soit temps de le transporter.

Les femmes appréhendées, selon la résolucion de devant hier, dont ne faitz doubte que soiez à présent adverty, ont esté interrogiées et ne s'est treuvé matière de plus longue estroicte détencion que contre une seule, laquelle semble estre pleine de venin [2].

Je suis forcé d'escripre cestes en haste et suis en doubte sy le lacquay de Monsr le duc vous trouvera à Bruxelles ou non.

En cas de vostre absence, ay donné charge de solliciter que ces présentes vous soient envoïées mesmement par propre message.

De Tournay, ce dernier décembre 1544.

Vostre humble serviteur,

CHARLES DE TISNACQ.

Monseig^r, Monseig^r le président du privé conseil de Sa M^{té}.

---

[1] Il paraît que Tisnacq ne connaissait pas bien le prénom de Crespin (Jean).

[2] Sans doute Marie de le Pierre, femme de Jacques de Le Tombe, exécutée par la fosse le 23 février 1545, après-midi.

VI.

Le commissaire Charles de Tisnacq à Louis Schore, président du conseil privé.

Du 3 janvier 1545.

Autographe, inédit. — Audience, liasse 26.

Monseigneur, j'ai, ensuyvant le contenu en mes précédentes, escript à ceulx d'Arras et de Lille, afin de faire appréhension des complices illec résidens et n'ay encorres eu responce à mes lettres, laquelle attens de jour à aultre.

Le bruyt court icy que Me Eustasse de Lille se soit piéça rendu fugitif, qui est homme riche, et sera dommage d'estre failly à la prinse d'icellui, puisqu'il est des principaulx.

Je ne faiz difficulté que Crispin, d'Arras, ne sera illec bien cogneu. Dieu veuille permettre que sa personne n'eschappe. Il semble qu'il ne sera besoing me transporter devers Lille, puisque puis avoir satisfaict à ma charge audᵗ quartier par mesdᵗᵉˢ lettres.

J'ay, ensuivant l'advis de Monsʳ lè protonotaire d'Estrées, mandé vers moy Me Pierre Lelièvre, lequel se part ce matin devers Valenciennes, avec extrait de ce que peult toucher les coulpables d'icelle ville, et luy semble pouvoir adresser à les trouver illec avec tel advertissement qu'il a par la confession du prisonnier.

Il y a un Claude de Perceval, demeurant à Condé, aussi chargé par lad. confession; et ne fauldra led. Me Pierre [1] à faire son debvoir en l'appréhension d'icellui, car il est très bien cogneu.

Son advis est et cellui dudᵗ Sʳ Provòt [2] que ne doibz me transporter illec avant d'avoir nouvelles de l'exécution quant à la prinse desdᵗˢ complices, et leur semble en tout événement que ce sera chose fort dangereuse de faire ledᵗ transport du prisonnier. Pour ce que mon instruction contient de le faire, à quoy n'ozerois faillir, quant mal en debvroit advenir contre mon espérance, je vous prie me vouloir advertir s'il vous semble que ledᵗ transport se debvra faire, nonobstant ce que dessus, et meismes en cas que les complices d'illec soient descouvers, auquel me sembleroit estre nécessaire.

Nous avons icy descouvert ung livre de la messe, plain de toute meschanté, lequel nous a esté apporté par une femme, et a déclaré à qui il appartenoit et avoir esté déposité en ses mains pour le garder, mais le maistre d'icellui est piéchà fugitif, qu'est dommage. Je croy que jamais ne fut veu en

---

[1] Lelièvre.

[2] Nicaise Chamart fut prévôt de Valenciennes jusqu'au 15 mai 1545.

ce quartier livre semblable, et contient toute la doctrine sur laquelle se fondent ceulx qui dényent le saint sacrament de l'autel. L'on a quelque peu dissimulé quant à l'annotation des biens du fugitif, si d'aventure l'on eu par ce moyen peu descouvrir sa personne, mais l'on y fera doresenavant ce que de raison.

L'on interroge journèlement les prisonniers entre lesquelz y a aucuns bien meschautz et taillez, comme semble, de persévérer en leur détestable opinion. Quant à descouvrir aultres complices, il y a petit espoir, s'yl n'est par torture, laquelle faicte, semble que n'auray plus de faire en ceste ville.

Ledᵗ Mᶜ Pierre Lelièvre m'a promis advertir de ce qui surviendra à Valenciennes pour selon ce me régler.

Monsʳ le gouverneur reçeut hier lettres de la royne à fin de relaxer le messagier prisonnier, ce que a esté faict et sans despens, par commun advis, dont m'a requis vous advertir.

Un quidam m'a dist hier que ceulx de Lille avoient appréhendez deux prisonniers depuis la réception de mes lettres. Ne sçay à la verité ce qu'il en est, considéré que n'ay encorres eu lettres d'iceulx.

Que sera la fin de cestes, priant le Créateur vous donner, Monseigneur, ce que désirez le plus.

De Tornay, ce ɪɪɪᵉ jour de janvier 1544 [1].

Vostre humble serviteur,

Charles de Tisnacq.

Monseigʳ, Monseigʳ le président du privé conseil de Sa Majesté.

—

VII.

Le commissaire Charles de Tisnacq à la reine douairière Marie de Hongrie,
Gouvernante des Pays-Bas.

Du 8 janvier 1545.

Autographe, inédit. — Audience, liasse 26.

Madame, si très humblement que faire puis à votre bonne grâce me recommande.

Madame, j'ay par trois mes précédentes adverty monseigneur le président de ce qu'estoit survenu sur le faict de ma commission, et combien qu'entens

[1] 1545 N. S.

qu'il ait esté hors de court pour quelque temps, sy ay-je espoir que Vostre M^té soit par luy advertie du contenu en mesd. lettres. J'ai depuis escript lettres à ceulx des justices de Lille et Arras, et leur envoie les lettres de crédence que avoie de Sa Majesté, avec extraict de la confession du prédicateur prisonnier touchant le faict des complices desd^tes villes.

Par ceulx de Lille ont esté appréhendez deux personnes chargez par led^t prisonnier, l'ung appelé Hiérosme Du Mortier et l'aultre Hiérosme de Cacan, lesquelz ilz tiennent estre les déclairez en la confession dud^t prédicant, et quant à Me Eustasse du Quesnoy, médecin, selon qu'ilz m'ont escript, il est fugitif passez plus de trois sepmaines. Touttesfois ont faict leur debvoir, (comme entens) en l'annotation des biens d'icellui, et selon le bruyct, est homme bien riche.

Ne m'a semblé estre besoing me transporter devers lad^te ville, et aussy ne s'est offerte oportunité, pour les occurrens affaires de ceste ville.

Le gouverneur d'Arras m'a escript qu'il n'avoit encores communicqué mes lettres à fin d'appréhension des complices d'illec à ceulx de la Loy, pour ce qu'il se doubtoit que aucuns d'eulx fussent apparentez d'aucuns jurez ou eschevins d'icelle, réservant lad^te communication jusques au retbour de cellui qu'il avoit icy envoié devers moy avec lettres de crédence pour plus ample information, en présence duquel a led^t prédicant de recief esté interrogé sur aucunes chozes concernantes lesd. complices, et sont aucuns assez descouvers.

De bien venir s'estoit trouvé en ceste ville Me Jan Crispin, advocat aud^t Arras, chargé par lad. confession, et a esté faict bon debvoir de le guetter pour l'appréhender icy, mais sans effect, laquelle appréhension fut fort venue à propos à fin de confrontation ; ne sçay s'il sera recouvrable ; en faulte de quoy, ay donné charge d'annoter les biens d'icellui.

Madame, après l'examination de tous les prisonniers en ma présence a esté délibéré sur le faict de la torture, et a esté conclu de la donner à deulx, assavoir : ung nommé Arnould Estaliscet et l'aultre Jan de Bargibant, sur le faict d'aultruy comme des complices et adhérens, lesquelz [1], quant à leur faict propre, sont souffisamment convaincuz par leur propre confession et sont sacramentaires et apparens de persévérer, si Dieu n'y emploie sa bonté. Et furent ainsy interrogez [2] hier du matin. A la charge dud^t Estaliscet, ont esté aucuns appréhendez, mais de petite estoffe, et combien qu'il ait déclaré quelque choze contre une damoiselle de qualité, nommée Orsette Bernarde, sy n'a toutesfois riens esté décerné contre elle, pour n'estre chargée tellement que pour souffrir.

Madame, ceulx de la loy de Valenciennes m'ont escript avoir jà appréhendé aucuns complices déclarez par la confession dud^t prédicant, et m'ont requis de

---

[1] Estalicet et Jean de Bargibant.

[2] *Ainsi* interrogés, c'est-à-dire interrogés dans les épreuves de la torture.

me transporter incontinent devers eulx pour assister à l'interrogation; et combien qu'il restoit encorres de résoudre sur la torture d'aultres prisonniers de ceste ville, n'ay ozé toutesfois faillir de satisfaire à leur désir et, ensuivant cè, me partz d'icy cejourd'huy avec le prédicateur prisonnier, en bonne garde, telle que monsʳ le gouverneur m'a délivré, et ce craindant que de mon retardement procédast aucun inconvénient, nonobstant que n'ay encorres icy achevé.

A tant, Madame, prie le Créateur vous donner l'entier de vous nobles désirs.

De Tornay, ce vɪɪɪᵉ de janvier 1544 [1].

Vostre très humble et très obéissant serviteur,

Cʜᴀʀʟᴇs ᴅᴇ Tɪsɴᴀᴄǫ.

A la Royne.

———

VIII.

Le commissaire Charles de Tisnacq à Louis Schore, président du conseil privé.

Du 8 janvier 1545.

Autographe, inédit. — Audience, liasse 25.

Monseigneur, je me déporteray de tenir propos par cestes de ce qu'escriptz à la royne, me référant quant à ce ausdictes lettres. Tous les prisonniers de ceste ville ont esté interrogez ordinairement et deux extraordinairement, après délibéracion prinse en présence de ceulx des deux justices de ceste ville [2]. Et n'ont esté interrogez, sinon sur le faict de leur complices et faict d'aultruy. Il y en a encorres d'aultres assez convaincuz par leur confession touchant leur propre faict, sur le torture desquelz restoit à résoudre. Combien que faiz grant doubte sy la deliberacion des dessus dicts condescendra à icelle, veue la difficulté qui s'est offerte sur la délibéracion quant aux précédens, et ce [3] povoir que ceulx qui restent, combien que, par leur confession, appert qu'ilz sont notoirement transgresseurs de l'ordonnance et réceptateurs des prédications, ne donnent sy ouverte déclaracion de leurs erreurs quant à la foy ou de persévérance en iceulx, ce que militoit ès précédens, qu'est, me

[1] 1545, N. S.
[2] Le bailliage et le magistrat.
[3] *Ce* pour *se.* — Se pouvoir se rapportant à : faiz grand doubte.

semble, selon que ay peu comprendre, un poinct sur lequel plusieurs des assistens se vouldront arrester, dont se peult aussy prendre conjecture comme se polra porter le faict de la judicature, et se peult bien présuppozer que les opinions ne seront fort conformez, sans qu'en déclaire davantaige pour n'en estre asseuré.

Je n'ay peu laisser de me transporter devers Valenciennes, veue la rescription de ceulx de la loy d'illec. Mon instruction ne semble porter que je doibve icy demeurer ou rethourner pour entendre au faict de la torture pour descouvrir tous les complices. Puis, l'article parlant de ce ne parle que à fin de investiger le contenu ès interrogatoires de ladte instruction, dont le tout est comme descouvert quant à ce que peult toucher ceulx de ceste ville; et quant au faict de ceulx d'ailleurs, n'y a grant apparence de povoir trouver icy davantaige. Néantmoins, je vous prie m'advertir si Sa Majesté entent que je y doibve retourner et continuer en ce que dessus, que ne sera encorres œuvre faicte.

J'ay parlé à l'official qui m'a respondu qu'il n'a aucun document pour fonder sa jurisdiction, sinon la commune renommée qu'il ledt prédicant seroit jacoppin et prebstre, et n'est d'intencion de procéder avant, ains le passer soubz dissimulacion, et ce qu'il en a faict n'a esté que pour satisfaire à son debvoir. Je vous envoie l'instruction de inhibicion, pour faire comme trouverez estre expédient.

Ceulx de Valenciennes m'avoient escript n'estre besoing de transporter avec moy le prisonnier. Toutesfois n'ay voleu faillir au transport, veue mon instruction et le contenu en vous lettres, et me partz incontinent après avoir expédié ce porteur par lequel vous prie avoir responce.

Sur quoy feray fin à cestes, priant le créateur vous donner, Monseigneur, l'entier de vos désirs.

De Tornay, en haste, ce viiie de janvier 1544 [1]. Ne sçay si je trouveray le Seigr d'Estrées à Valenciennes.

Vostre humble serviteur,

CHARLES DE TISNACQ.

Monseigneur, Monseigr le président du privé conseil de l'Empereur.

[1] 1545 N. S.

IX.

La Gouvernante Marie de Hongrie aux évêques
Du 17 janvier 1545.

Minute, inédit. — Audience, liasse 18.

Mon cousin, pour ce que les perverses et dampnables sectes des hérélicques s'augmentent et pullulent journellement de plus en plus ès païs de pardeça, et que trouvons par expérience cela procéder en partie par la négligence, nonchallance et petit debvoir que font les officiaulx des évesques de s'enquérir de la vie et conduite d'aucuns curez, prebstres, religieulx et aultres gens d'église, escolastres et leurs suppostz, dont leur appartient la cognoissance, lesquelz seroyent entachez desd^tes sectes, je n'ay voulu délaisser vous en advertir, afin que doresenavant faites faire par voz officiaulx meilleur debvoir et dilligence pour parvenir à la cognoissance de ceulx qui sont entachez ou suspectez desd. sectes, et mesmement de prendre songneulx regard sur la vie et conduite des curez, maistres d'escole et aultres, et je ordonneray à tous mes officiers de aussi faire leur debvoir conforme aux lettres de placcart sur ce décernées, la publication desquelles se debvra renouveller de six mois en six mois [1] pour meilleure observance et entretènement d'icelles. A tant, etc.

Du xviie jour de janvier 1544 [2].

A mon cousin l'évesque et duc de Cambray et conte de Cambrésis [3].

A mon cousin l'évesque de Tournay [4], etc.

—

X.

La Gouvernante au président du conseil de Flandre.
Du 20 janvier 1545.

Minute, inédit. — Audience, liasse 18.

MARIE, etc.

Très chier et bien amé, pour ce que l'empereur, monseigneur et frère, veult et entend que, avec le conseiller maistre Charles de Thisnacq, qui s'en

[1] A la St-Jean et à la fête de Noël.
[2] 1545, N. S.
[3] Robert de Croy.
[4] Charles de Croy.

rethourne présentement à Tournay, soit adjoinct ung du conseil en Flandres, pour par ensemble estre présens à l'instruction des procès de ceulx qui sont accusez des nouvelles dampnables sectes qui pullulent journellement de plus en plus, nous vous requérons et par charge de Sa M^té ordonnons mander devers vous maistre François de Bruine, advocat fiscal de Flandres, et, en cas que sa santé le peult porter, luy ordonner et enjoindre expressément que, incontinent et sans délay, il ait à se transporter aud^t Tournay pour, avec le conseiller Thisnacq, vaquer et entendre à l'exécution de la charge, et, si son indisposition est telle qu'il ne peust faire led^t voyaige, envoyez quelque aultre conseiller en son lieu et qu'il n'y ait faulte [1].

Très-chier, etc.

Au président de Flandres, messire Loys de Heylweghe

—

XI.

L'Empereur à Jean d'Oignies, gouverneur de Tournay.

Du 20 janvier 1545.

Minute, inédit. — Audience, liasse 18.

L'EMPEREUR ET ROY,

Chier et féal, ayant, par le rapport de nostre conseiller Me Charles de Thisnacq, sçeu le debvoir qui s'est fait à Tournay pour appréhender et savoir les complices, faulteurs et adhérens de Me Pierre Brusly, y détenu prisonnier, infectez des nouvelles dampnables sectes y pululans, nous avons donné charge aud^t Thisnacq de retourner aud^t Tournay et y envoyons pareillement ung de nos conseilliers en Flandres, pour, par ensemble, vaquer et entendre avec les lieutenant et gens de nostre bailliage et les prévostz et eschevins de nostre ville de Tournay, tant conjointement que divisément qu'il appartiendra, à l'instruction desd^ts prisonniers et d'aultres qui se trouveront notez et suspectez desd^tes sectes, et sommyèrement sans figure de procès ne observer aucun train ou stil de procéder accoustumé, mais seullement les ayant oy en leurs deffences, si aucunes en ont, procéder à leur condempnation ou absolution, comme appartiendra, selon le teneur de noz lettres de placcart, lesquelles voulons estre estroictement observées, dont vous avons bien voulu adviser, vous requérant et ordonnant bien acertes à ce vouloir tenir la main

---

[1] De Bruyn ne put se rendre à Tournay et fut remplacé par Denis Van der Sare, conseiller au conseil de Flandre.

et au surplus donner toute assistence à l'exécution de la justice et en ce dont nosd. conseilliers auront besoing, comme entendons avez fait jusques ores, et de sorte qu'on puisse parvenir à l'extirpation desd. sectes et pugnition exemplaire des culpables, selon qu'il convient pour l'entrètement de nostre saincte foy chrestienne.

A tant, etc.

A nostre féal chevalier, gouverneur et capitaine de noz ville et chasteau de Tournay et Tournésis, messire Jehan, seigneur d'Ognies.

Du xxe jour de janvier 1544 [1] à Bruxelles.

———

XII.

L'Empereur aux prévôts et échevins de Tournay.

Du 20 janvier 1345.

Minute, inédit. — Audience, liasse 18.

L'EMPEREUR ET ROY,

Chiers et féaulx, ayant, etc., (comme dessus) pour, par ensemble, vaquer et entendre avec vous et les prévostz et jurez de nostre ville de Tournay, tant conjointement que divisément qu'il appartiendra, à l'instruction, etc.; dont vous avons bien voulu adviser, vous ordonnant et enchargant très-expressément que ayez à admettre nosd. conseilliers en ce que dessus, et au surplus faire en tout et partout si bon debvoir et dilligence que les culpables soient exemplairement pugniz, sans grâce ou dissimulation quelconque. Et qu'il n'y ait faulte.

A noz amez et féaulx les lieutenant et gens de nostre bailliage de Tournay et du Tournésis.

A noz chiers et bien amez les prévostz et eschevins de nostre ville de Tournay.

[1] 1345. N. S.

———

XIII.

L'Empereur aux magistrats des villes.

Du 28 janvier 1545.

Minute, inédit. — Audience, liasse 18.

L'EMPEREUR ET ROY,

Chiers et féaulx, nous vous envoyons avec cestes certaines lettres de plac-cart [1] par nous décernées pour parvenir au recouvrement des héréticques, ensemble de leurs complices, faulteurs et adhérens. Si vous ordonnons que incontinent faites publyer nosd. lettres de placcart et estroictement comman-der à tous noz officiers de procéder contre les transgresseurs d'icelles par l'exécution des paines y apposées. Et qu'il n'y ait faulte.

Tournay, Valenciennes, etc.

De Bruxelles, le xxviiie de janvier XVe XLIIII (1545 N. S.).

—

XIV.

Les commissaires Tisnacq et Van der Sare à Louis Schore.

Du 6 février 1545.

Original, inédit. — Audience, liasse 25.

MONSEIGNEUR, HUMBLEMENT A VOSTRE BONNE GRACE NOZ RECOMMANDONS,

Monseigneur, après exécution de iii prisonniers, l'ung par feu et aultres deux par espée [2], comme estions en train d'entendre à la lecture du procès du prédicateur de Straësbourg et procéder à la décision, s'est à l'entrée meu grant difficulté sur l'incompétence du juge, la plus part des opinans incli-nant, pour la doubte que se offre par le procès qu'il auroit la caracthère de prebstrise, à ce qu'il soit plus expédient pour repos des consciences d'ung chescun permettre observer les solempnités de dégradation. Se sont aussy offertes aultres difficultés sur la décision d'aucuns aultres procez, mesmement de ceulz qui auroient reçeu prédication et assemblées d'aultres auditeurs en leur maison, de sorte que, combien plusieurs ne faisoient grant difficulté sur le faict de telz réceptateurs, l'on n'ayt peu procéder à la décision de telles matières.

[1] L'édit ou placard du 17 décembre 1544.
[2] Arnould Estalluffret, dit Myoche, haultelisseur, brûlé vif le 30 janvier 1545 après-midi; Jehan de Bargibant, haultelisseur, décapité le 31 janvier 1545 après-midi; Rolland de Grimaupont, sayeteur, décapité le 5 février après-midi.

5

Pour quoy, pour satisfaire à tous, a esté advisé envoier deux commiz tant de la part du bailliage que des prévostz et jurez devers Sa M^{té} pour avoir plus près interprétation d'icelle sur aucuns pointz couchez en l'instruction desd. députez, ausquelz noz référons pour éviter plus longue lettre.

Il noz desplaict bien fort que tel retardement et aultres que avons trouvez jusques à présent sont cause de noz faire sy longuement séjourner en ceste ville; et, combien que n'aurons que faire icy durant l'absence des susdicts, sy ne noz sommes toutesfois ozé bouger jusques à recevoir responce à noz présentes; désirant aussy bien estre advertiz, puysque l'exécution at jà commenché, et que vraysemblablement ceulx de ceste ville n'ozeront faillir à exécuter ce que leur sera ordonné particulièrement sur l'instruction de leursdicts commis, sy Sa M^{té} entent que continuons encorres plus avant à l'expédition de ce que reste, soit en partie, soit du tout, auquel cas ne sommes vraysemblablement taillez d'avoir bien tost faict, prenans conjecture de l'issue selon le succez jusques à orez.

Le bailly du seig^r de Fresne s'est ces jours derniers représenté volontairement pardevant les députez de Sa M^{té} à Valenciennes, offrant se purger sur toutes charges et confessant avoir proféré les parolles en question, mais non totallement, de sorte que l'on prétendoit n'y a aucune mauvaise intention. L'ont interrogié et, sa confession entendue, n'ont trouvez matière de détention de sa personne et ultérieures procédures sans aultre charge adminiculatifve, dont ilz ont adverty moy, Tisnacq, par leurs lettres, pour, par moyen d'aultre informacion, sy trouver se pouvoit, estre par noz ordonné sur son faict, comme verrions appertenir, luy donnant charge à ceste fin comparoir en persone devers noz; suivant laquelle ordonnance, s'est de recief icy offert, et, après recolement de sa confession et déposition du souldoier l'ayant chargé desdictes parolles, n'avons trouvé cause de détention plus avant lesdicts de Valenciennes, pour n'avoir riens pardessus à sa charge, joinct que mons^r le protonotaire d'Estrées attestoit par ses lettres que ledict bailly n'estoit aultrement suspecté de tenir aucune mavaise secte.

Noz attendons journèlement le rethour de nostre messagier [1], noz esmerveillant de sy long retardement.

Que sera la fin de cestes, priant le Créateur vous donner, monseigneur, l'entier de vous désirs.

De Tornay, ce vi^e de febvrier 1544 (1545 N. S.)

Vous humbles serviteurs,

CHARLES DE TISNACQ ET DENYS VAN DER SARE.

A Monseig^r, Monseig^r le président du privé conseil de l'empereur.

[1] Il s'agit ici du messager, gagnant un carolus par jour, dont il est parlé dans la lettre du 30 décembre et qui avait porté à Bruxelles cette lettre ainsi que le double de l'interrogatoire de Brully.

XV.

Les commissaires Tisnacq et Van der Sare à la reine Marie de Hongrie.

Du 6 février 1545.

Original, inédit. — Audience, liasse 26.

Madame, sy très humblement que faire povons, nous recommandons à vostre bonne grâce.

Madame, il vous plaira sçavoir que, en obéyssant à vostre ordonnance et nostre commission, avons à toute diligence, depuis nostre venue en ceste ville de Tournay, avecq les lieutenant et consaulx du balliuaige et des prévostz et jurez de lad^t ville de Tournay, esté occupez pour sommièrement faire et instruire les procès des prisonniers attainctz de hérésie et de ceulx qui ont adhéré et conversé avecq maistre Pierre Brulley, prédicateur de Straesbourg, aussi prisonnier, dont aulcuns desd^t procez ont esté concluz, terminés et par les sentences exécutez, en observant l'ordonnance de sa Majesté impérialle.

Et combien que, à nostre semblant, l'on eust aussi bien peu procéder à la décision des procès des aulcuns aultres réceptateurs prestz pour jugier sans délay, néantmoins, comme par la pluralité des voix auroit esté résolu et concluid de envoyer à vostre dite Majesté aucuns des articles et pointz, pour tant sur iceulx que sur certaine difficulté meue de l'incompétence du juge, touchant la personne dud^t Me Pierre, avoir vostre interprétation et ordonnance, a esté par commun assens résolu de surcéoir la vuydange d'iceulx procès et des aultres, jusques et à ce que votre d^{te} Majesté auroit sur che faict ordonnance et interprétation, dont, Madame, pour nostre descharge, avons bien voulu advertir vostre dite Majesté, affin qu'il plaise à icelle de nous mander se vostre plaisir soit que nous demourons icy en ceste ville jusques à ce que tous les procès des crimineulx soyent par sentence vuydez et terminez, ou se vostre Majesté entend que, l'interprétation faicte sur les articles à vostre M^{té} envoyés par les commis du bailliuaige et des prévostz et jurez de lad. ville de Tournay, pourrions retourner et délaisser aud. du bailliuaige et les prévostz et jurez de lad. ville le jugement et totale expédition, selon laquelle vostre ordonnance nous employerons de tout nostre povoir, comme sommes obligez.

A tant, Madame, prions le créateur octroyer à Vostre Majesté accomplissement de voz nobles désirs.

De Tournay, ce sixiesme jour de febvrier XV^c XLIIII [1].

Vous très humbles et très obéissans serviteurs,

CHARLES DE TISNACQ — DENYS VAN SARE.

A la Royne.

[1] 1545. N. S.

XVI.

Mémoire à l'Empereur sur aucuns doutes et difficultés.

Du 6 février 1545-annexe de la lettre dud* jour.

Original, inédit. — Audience, liasse 25.

Plaise à l'Empereur, nostre souverain et naturel seigneur, ou à Messeigneurs les président et gens du conseil d'estat de Sa Majesté, prendre et agréa-
blement recepvoir l'humble advertissement que font présentement Messeigneurs maistres Charles de Tisnacq et Denys Van Sare, commissaires depputez
par l'impériale Majesté, avec les lieutenant de monsieur le bailly et conseillers
d'icelle Majesté en Tournay et Tournésiz et les prévostz, jurez et conseil de
lad. ville, sur le faict d'aulcuns clandestins prédicateurs forains [1] aians puis
naguères faict quelzques prédications et exhortations en icelle ville, et des
fauteurs, réceptateurs et auditeurs d'iceulx.

C'est asçavoir que, après l'emprisonnement de ceulx que l'on a peult appréhender estant accusez ou suspicionnez estre du nombre desd^ts réceptateurs,
fauteurs et adhérens, et mesmement après l'apréhention de l'un desd^ts prédicateurs, nommé Pierre Bruslay, l'on a procédé à l'encontre d'iceulx summiè-
rement et de plain, comme en procez criminelz l'on est accoustumé de faire
en lad. ville et bailliage dudit Tournay et Tournésis, et y continué jusques
la venue des dessus nommez s^rs commissaires [2].

Après la venue desquelz commissaires, les procès des prisonniers demenez
pardevant eulx, sont iceulx prisonniers trouvez notez de diverses charges plus
griefves les unes que les aultres.

Et, premiers, comme dit est, s'en troeuve l'un estre le maistre et instruc-
teur des aultres, estant envoyé des Allemagnes en lad. ville et cité de
Tournay et aultres villes circonvoisines, pour y adnoncer et prescher (comme
clandestinement il a faict) sa faulse et dampnable doctrine, pardess us quoy il
a soustenu et soustient ancoyres obstinément pluisieurs oppinions et propositions exécrables, scismatiques, héréticques et damnables.

Oultre ce, s'est trouvé ung desd. prisonniers, aiant fait assemblée de grand
nombre de gens en sa maison, en laquelle et présent iceulx, led^t Me Pierre a
faict prédication ou (comme ilz appellent) exhortation el, avecq ce, a led^t
prisonnier pertinacement et obstinéement soustenu oppinions et propositions
telles que dessus, et en icelles persévéré jusques au feu, par lequel il a esté

---

[1] On voit qu'il ne s'agit pas seulement de Brully, mais encore d'Antoine, d'Itero et
de Taffin.

[2] Vers le 20 janvier 1545. Il ne peut être question du premier voyage fait par
Tisnacq, seul.

exécuté et consumé en cendres, comme contrevenant aux susdites ordonnances [1]; pour raison desquelles soustenues avoit bien semblé aux supplians icelluy estre encouru ès paines indictes par les ordonnances.

Mais, par interroghatoires aud[t] Me Pierre Bruslay faictes s'il estoit prebstre et religieulx, avoit confessé avoir reçeu ordre de prebstrise et esté de l'ordre des frères prescheurs du couvent de Metz, mais depuis quatre ans auroit délaissié le total ordre ecclésiasticque et apostatisé.

D'aultre part, ce venu à la congnoissance de Monseig[r] l'évesque de Tournay, auroit accordé commission, afin que luy fut led[t] Pierre rendu comme à son juge.

Et combien que aud[t] official avoyent esté remonstrées les ordonnances de Vostre Majesté et gravité des cas, et itérativement déclaré icelluy Pierre ne se tenir de l'ordre ecclésiasticque, et que aulcunement n'en volloyt user et, à ceste cause, le requis s'en volloyr déporter de l'effect de lad. commission, auroit, pour toute response, dit qu'il en chargoit les consciences desd. supplians, non estant toutesfois délibéré y mettre notable empeschement, offrant, en cas de restitucion, en faire briefve expédition, si le cas y eschéoit, de le dégrader et rendre à la justice séculière.

A cause desquelles doubtes d'estat sacerdotal et monition, se troeuve difficulté si les supplians peuvent et doibvent avoir jugement de la personne dud[t] Pierre, si avant meismement que toucheroit la mort sans préallable dégradation, attendu que, de droit, il ne peult renoncer à l'ordre de presbtrise, *cum sit introductus in favorem totius ordinis sacerdotalis, qui quidem ordo suæ personæ adheret, licet aliàs sit vitæ pestiferæ ac detestandæ.*

Secundement, se sont trouvez desdiz prisonniers troys, lesqnelz ont reçeu led. prédicateur et soustenu aulcunes proppositions héréticques et erronées, desquelz la justice, enssuyvant les ordres de l'Empereur, a esté faicte tant par le feu comme par l'espée.

Tiercement, se troeuve que aulcunz détenus prisonniers ont reçeu une fois le prédicateur en leurs maisons, où auroit fait quelque sermon et exhortation à multitude de gens, et aussi esté à aulcunes aultres prédications, mais, enquis et interroghiez sur leur crédence et foy, en respondent catholicquement et en oultre sont bons mesuaigiers, tenant maisons honestes, aulcuns d'iceulx assez simples.

Quartement, sont aultres desdis prisonniers chargez d'avoir esté esdictes predications une, deux ou trois fois lesquelz, aussi enquis sur leur foy et crédence, en ont respondu aucuns dubitablement, aultres catholicquement, sans que aultrement on ayt charge particulière allencontre d'eulx, conchernant la foy.

Et combien que tous et chacuns des advertissans, en la deccision desdis procès et détermination de paine soient désirans d'estre dilligens et précis

[1] Estalluffret, dit Myoche.

observateurs des ordonnances dictes, et que, pour chose quelconque, ilz n'en vouldroient départir, ce néantmoins ils se sont trouvez perplex au parfait du procès des aultres prisonniers, qu'ilz ont ancoyres soulz eulx, non veullans attempter de, allencontre d'iceulx, exercer extrême righeur par exécution de dernier supplice, ne aussy présumer de précisément les renvoyer du tout absolz, et en laquelle perplexité ilz sont parvenuz par les moyens qui s'en-suyvent.

Et premiers, parceque aulcuns d'iceulx prisonniers, combien qu'ils soient gens simples, bons mesnagiers, ayans jusques à présent vescu sans reprinse ou notte de la damnable secte, ne aultrement jamais reprins de justice, et néantmoins sur certaines inductions assez persuasives, auroient souffert en leurs maisons chascun une des susdites prédications estre faites.

Et pour ce que lesdis prisonniers, en les interroghant, remonstrent très affectueusement et de cœur pénitent avoir ce que dessus souffert par ignorance et non pensant mal faire, disans n'avoir heu coguoissance desdistes ordonnances, et que, par aultres indices et conjectures, appert de leurdite simplicité et ignorance, a samblé à aulcuns icelle leur tolérance n'avoit esté doleuse et que sans dol les drois ne permectent aulcuns estre mis au dernier supplice, en adjoustant que combien que ceste décision soeuffre fallence [1] en crime de lèse-Majesté, neantmoins ne troeuvent les drois souffrir extension estre faicte en matière de crime d'un cas a l'aultre.

Joinct ancoyres que, à toute rigueur, tel cas ne se porroyt baptiser de lèse-Majesté divine ne humaine, combien qu'il n'y ait enthière observance des ordonnances dessus déclarées, mays d'aultant que dol n'y seroit intervenu et que lesdis prisonniers se sont tousjours trouvez bons, paisibles et simples mesnagiers, exerceans dilligemment leurs œuvres manuèlcs pour la sustentation d'eulx, leurs femmes et enffans, sembloit à aulcuns que, pour ceste fois, l'on se porroit depporter de allencontre d'eulx exercer l'extrémité de la susdite ordonnance, leur enjoignant de ne jamais hanter, converser ne communicquier avec des gens suspectz d'hérésies, ne aussi de récidiver en semblable cas que dessus, à péril de lors exécuter allencontre d'eulx les paines indictes par icelles ordonnances et sans depport.

Pour autant toutesfois que lesd. opposans ne sont encoyres appaisiez de leur susdite perpléxité et qu'ilz désirent en décider au plus près qu'ils polront percepvoir estre l'intencion de Vostre très sacrée impériale Majesté, ilz ont délégué deux d'entre eulx garnis de cestuy leur advertissement, adfin de sur le tout solliciter et apporter response, pour, ensuyvant icelle, eulx régler quant à présent.

DE BEAUMONT.

[1] Exception.

XVII.

La Reine de Hongrie aux commissaires Tisnacq et Van der Sare.

Du 13 février 1545.

Minute, inédit. — Audience, liasse 18.

MARIE,

Très chiers et bien amez, nous avons reçeu voz lettres du vime de ce mois, et par icelles, ensemble l'escript y joinct, entendu ce que avez fait à besognyer endroit l'instruction du procès des prisonniers attaint d'hérésye et de ceulx qui ont adheré et conversé à Me Pierre Brulley, prédicateur de Strasbourg; et après avoir le tout fait veoir ou conseil de l'empereur monseigneur, trouvons vostred. besoignyé bon et sommes contente que, après que l'exécution dud^t Brusly et d'aulcuns aultres sera faite suyvant l'ordonnance qui s'envoye presentement à ceulx de Tournay, si vous voyez qu'ilz confisquent [1], que en ce cas polrez retourner, et leur laisser convenir du surplus. Autrement nous en advertirez pour lors vous mander ce que aurez à faire.

A tant , etc.

A noz très chiers et bien amez Mes Charle de Tisnacq et Denys Van Sare, conseilliers de l'empereur.

Du xIII^e de febvrier XLIIII [2], à Bruxelles.

———

XVIII.

La Reine de Hongrie au seig^r d'Oignies , gouverneur de Tournay et du Tournèsis.

Du 13 février 1545.

Minute, inédit. — Audience, liasse 18.

MARIE,

Très chier et bien amé, combien que soyons certaine du bon debvoir que faites pour extirper les sectes qui pulluleut à Tournay et faire pugnir ceulx qui en sont infectez, suyvant les édictz et placcart de l'empereur monseigneur et la charge que Sa Majesté en a baillé à ses commis et à ceulx du baillage et

---

[1] On voit qu'à Tournay aussi il y avait résistance sur le point de confiscation.

[2] 1545, N. S.

de la ville dud. Tournay, sy n'avons nous voulu délaisser vous rescripre la présente et par icelle vous requérir vouloir faire bonne dilligence et tenir songneulx (regard) que la justice soit faite des culpables, suyvant l'acte que s'envoye présentement à ceulx dud. baillage.....

Se y voyez aucune négligence ou dissimulation, que nous en veulliez advertir pour y pourveoir de remède convenable.

A tant, etc.

Au seigneur d'Ognyies, chevalier, gouverneur et capitaine des ville et chasteau de Tournay et de Tournésis.

Du 13e jour de febvrier 1544 (1545 N. S.) à Bruxelles.

————

XIX.

La Reine de Hongrie au lieutenant (du G^d bailli) et aux conseillers du bailliage de Tournay.

Du 8 mars 1545.

Minute, inédit. — Audience, liasse 19.

MARIE,

Très chiers et bien amez, ayant entendu que depuis l'exécution faite d'aucuns héréticques et sectaires de Tournay, l'on a semé en icelle ville plusieurs billetz et libelles diffamatoires contre gens ecclésiastiques et aultres, qui ne sont choses tollérables soubz dissimulacion, nous vous requérons et de par l'empereur monseigneur et frère ordonnons faire tout debvoir et dilligence pour savoir les acteurs desd. billetz et libelles et ceulx qui les ont semés, pour après en faire pugnition condigne à l'exemple d'aultres.

Et en ce ne faites faulte.

A tant, etc.

A nos très chiers et bien amez, les lieutenant et gens du conseil de l'empereur ou baillage de Tournay et du Tournésiz.

————

XX.

La Reine de Hongrie au procureur de l'empereur au bailliage de Tournay.

Du 7 mars 1545.

Minute, inédit. — Audience, liasse 19.

MARIE,

Très chier et bien amé,   Par charge de l'empereur, monseigneur et frère, nous vous ordonnons nous envoyer le double de l'information que povez avoir tenue contre les suspectz d'hérésie avant la venue des commissaires que dernièrement ont esté à Tournay [1], et que d'ores en avant ayez à prendre bon et songneulx soing de vous informer contre tous ceulx qui pourront éstre suspectez desd^{tes} hérésies, aussy que vous veuillez informer des biens immeubles des exécutez, pour y garder le droit de Sa M^{té}, selon l'obligation que en avez.

Et en ce ne faites faulte.

A tant, etc.

A nostre très chier et bien amé, le procureur de l'empereur au baillage de Tournay et de Tournésiz.

De Bruxelles, le viie jour de mars XLIIII (1545 N. S.).

—

XXI.

La Reine de Hongrie au gouverneur, au lieutenant du g^d bailli, aux conseiliers du bailliage et au magistrat de Tournay.

Du 8 mars 1545.

Minute, inédit. — Audience, liasse 19.

MARIE,

Très chiers et bien amez, nous avons entendu par le rapport du commis de l'empereur monseigneur et frère ayant esté à Tournay, qu'on détient encoires prisonniers en ceste ville Jehan de Vaulx l'ancien et Jehan de Vaulx le jeusne, père et filz, comme chargez ou infectez d'hérésye ou d'aultres sectes réprouvées, sans que jusques ores l'on ait procédé contre eulx, soubz umbre

---

[1] On voit par là qu'ils en étaient partis.

qu'ilz seroyent tonsurez, et que les officiers ecclésiasticques de la court espirituelle de Tournay auroyent prétendu d'en avoir la cognoissance.

Sur quoy vous advisons que, ayant ceste matière esté mise ou conseil de l'empereur monseigneur et frère, s'est trouvé qu'il n'y a apparence ny fondement quelconque au prétendu desd^{ts} prisonniers ny aussi des officiers ecclésiasticques qu'ilz debvroyent avoir cognoissance desd^{ts} prisonniers.

Par quoy, vous requérons et par charge de Sa M^{té} ordonnons que, sans plus de délay ou tardance, ayez à cognoistre des charges et délictz à eux imposez, et procéder à leur condempnation ou absolution, conforme aux lettres de placcart de Sa M^{té}, qu'elle veult et entend estre estroictement observées et entretenues, sans faveur ou dissimulation [1].

Et n'y faites faulte.

A noz très chiers et bien amez les gouverneur, lieutenant et gens du conseil de l'empereur au baillage de Tournay et Tournésiz et les provost, mayeur et eschevins de lad^t ville de Tournay.

De Bruxelles, le vIII^e de mars XVe XLIIII (1545 N. S.).

_____

[1] Nous ne savons quel fut le sort des de Vaulx, père et fils, car leur nom ne se rencontre pas dans les registres de la justice criminelle de Tournay. Toutefois il est certain que le procès fut suivi contre eux, ainsi qu'en témoigne la note suivante qui nous est transmise par Mr Van den Broek : « Aud^r du Haultbois (c'était un conseiller pen-
» sionnaire) pour avoir esté pardevers led^t privé conseil, avecq lesdits commissaires
» et aulcuns desdits bailliages, affin de sçavoir le bon plaisir de Sa M^{té} sur le faict et
» secte de Jehan de Vaulx, l'aisné, Jehan de Vaulx, le josne, père et filz, prisonniers,
» ou il a vacquié xv jours, sont à xxxiiii sols par jour, parmy xxxv solz payez aux
» dénommez et pour les causes contenues en l'ordonnance; ci . . . xxvii l. v s. »

SENTENCES CAPITALES.

___

XXII.

Sentence de mort contre Arnoult Estalluffret, dit Myoche, haultelisseur.

Du 30 janvier 1545.

Inédit. — Registre des sentences criminelles de la ville de Tournay.

Veu par nous Charles de Thisnacq et Denis Vander Sare, conseilliers de Empereur notre sire et commissaires depputés de par ladite Majesté, les ieutenant de monsieur le Bailly de Tournay et Tournésis [1], conseilliers dudit ᵣᵉ Empereur esdits bailliages, et prévosts et jurés et Conseil de la dite Ville t Cité, les ordonnances faites et statuées par l'Empereur, notre Sire, par les- uelles désirant de tout son cœur l'honneur de Dieu, notre Créateur, aussy exaltation de la divine Majesté et aultres causes contenues et déclarées au aré et dispositif desdites ordonnances faites en l'an mil v cens xxvii, auroit celles décernées par forme de édict tendent adfin et conclusion pécunaire llencontre de ceulx qui seroient contrevenans ausdits édicts, mais pour ce ue, par succession de tamps, les erreurs et hérésies de pluisieurs auteurs ugmentoient journellement, grandement à la diminution de notre foy cato- icque, au scandal et détriment de tous bons chrétiens, l'Empereur, notre dit ire, de bon zèle auroit esté meu, pour refréner la témérarité des héréticques, e faire aultres ordonnances, lesquelles auroient esté publiées diverses fois ux bretesques de ladite Ville et renouvellées et republiées en icelle, de demy n à aultre, selon lesdites ordonnances, adfin que d'icelles nul ne puist pré- endre ignorance, et par icelles auroit esté ordonné et deffendu entre aultres hoses que nul ne s'advanchast de tenir ou permettre en sa maison ou aultre- nent conventiculles, assemblées ne de communiquier ou disputer de la Saincte scripture, meismement [2] en matière doubtifve et difficille, ou de lire à aultres a dicte Saincte escripture ou preschier, s'ils ne feussent théollogiens ap-

___

[1] Jacques Bacheler, seigneur de Roissart, licencié ès-lois, lieutenant général de Iʳ le bailli de Tournay et du Tournésis.

[2] *Meismement.* Surtout.

prouvés par Université fameuse ou aultres ad ce admis par les ordinaires du
lieu, sur peine que les contrevenans aux dictes ordonnances seroient exécutés
par le feu et ceulx non persistans, sy comme les hommes par l'espée, et les
femmes par la fosse, en mectant les testes sur une estaque pour céder et
exemple (sic) et avecq ce confiscation de tous leurs biens.

Veu aussy le procès de Arnoult Estallusfret, dit Myoche, haultelicheur,
amplement et meurement fait et demené tant par information, confessions et
interrogations du dict Arnoult pluiseurs fois reytérées en jugement par devant nous comme aultrement deuement, par lesquelles nous seroit et est
souffisamment apparu icelluy Arnoult Estallusfret avoir, en contrevenant aux
dictes ordonnances et droit escript, soustenu en sa maison conventiculles, en
y souffrant preschier certain personnaige, à présent prisonnier [1], estant de la
secte héréticque et réprouvée, en ayant par pluiseurs fois oys ses prédications
et exhortations en pluiseurs lieux de ladicte ville, et d'un maulvais et héréticque coraige, et demorant pertinach en icelluy, erré et habusé contre le
St Sacrement de l'hostel, ayant soustenu exécrables, détestables, erronnées et
faulses propositions, aussy en la saincte foy catholicque, ensemble contre les
constitutions et commandemens de Notre Mère Saincte Église et la puissance d'icelle, et communicquié et disputé de la Saincte Escripture et aultres
erreurs plus au long contenus en son dict procès, en encourrant par ledict
Arnoult ès peines indictes tant de droit que esdites ordonnances de l'Empereur, notre Sire, faites sur la pugnition des infracteurs desdites ordonnances.

Pourquoy ces choses considérées, en ensuyvant lesdites ordonnances et
édicts fais et statués par l'Empereur, notre Sire, avons icelluy Arnoult Estallusfret dit Myoche, héréticque, malsantant de notre Saincte foy catholicque et
infracteur desdites ordonnances, condempné et condempnons d'estre bruslé et
consumé en cendre sur le grand marchié d'icelle ville, en déclarant ses biens
confisquiés, pour les tourner et convertir selon et ensuyvant ycelles ordonnances par notre sentence criminelle et pour droit.

Pronunchié publicquement en jugement à huys ouvers, présens grand nombre
de peuple pour ce assemblés, le vendredy xxxe janvier XVe et XLIIII [2], et
ladite exécution faite ledit jour audit marchié, de l'après disner.

[1] Évidemment Brulley.
[2] 1545. N. S.

XXIII.

Sentence de mort contre Jehan De Bargibant, haultelisseur.

Du 31 janvier 1545.

Inédit. — Même registre.

Veu aussy par nous dessus nommés lesdites ordonnances et le procès de Jehan De Bargibant, aussy haultelicheur, pareillement amplement et meurement fait et demené tant par informations, confessions et interrogatoires dudit De Bargibant et pluiseurs fois reytérées en jugement par devant nous comme ultrement deuement, par lesquelles nous seroit et est souffisament apparu celluy De Bargibant avoir, en contrevenant aux dictes ordounances et édicts, oustenu en sa maison ledict prédicateur, en ayant oy par pluiseurs fois les prédications et éxhortations d'icelluy en pluiseurs lieux de ladite ville, et d'un mauvais coraige erré et habusé contre le Saint Sacrement de l'hostel, ayant soustenu exécrables et détestables, erronnées et faulches propposilions, aussy en la Saincte foy catholicque, ensemble contre les constitutions et commandemens de Notre Mère Saincte Église et la puissance d'icelle, et communicquié et disputté de la Saincte Escripture, ayant hen certain livre deffendu par lesdictes ordonnances et soustenu le contenu en icelluy contre le Sainct Sacrement de la messe, et aultres erreurs plus au long contenus en son dict procès.

Toutes lesquelles erreurs, habus et propposilions détestables et hériticques il auroit et a depuis, en jugement, pardevant nous revocquié et persisté en celle révocation, ayant néantmoins ledict De Bargibant encouru en la peine de mort contenue esdictes ordonnances, faites sur la pugnition des infracteurs d'icelles ordonnances.

Pourquoy, ces choses considérées, en ensuyvant lesdits ordonnances et édicts faits et statués par l'Empereur, notre Sire, avons icelluy De Bargibant condempné et condempnons d'estre exécuté par l'espée, tant que mort s'en sieuwe, sur le grand marchié de ladicte ville, en déclarant ses biens confisquiés, pour les tourner et convertir selon et en ensuivant lesdites ordonnances par notre senteuce criminelle et pour droit.

Pronunchié publicquement en jugement à huys ouvers, présent grand nombre de peuple pour ce assemblés, le sabmedy dernier jour de janvier, l'an mil cincq cens et XLIIII [1], et ladite exécution faite ledit jour de l'après disner.

Aussy requist ledit de Bargibant avoir saincte terre, quy luy a esté acordé par les dessus nommés.

[1] 1545. N. S.

———

XXIV.

Sentence de mort contre Rolland de Grimaupont, sayeteur.

Du 5 février 1545.

Inédit. — Même registre.

Veu par nous Charles Thisnacq et Denis Van der Sare, conseilliers de l'Empereur notre Sire et commissaires depputés en ceste partie de par Sa Majesté les lieutenant de Monseigr le bailly de Tournay et Tournésis, conseilliers de l'Empereur, notre Sire, et de bailliaiges, et prévosts, jurés et conseil de ladite ville et cité, les ordonnances faictes et statuées par l'Empereur, notre dict Sire, par lesquelles désirant de tout son cœur l'honneur de Dieu, notre Créateur, aussy l'exaltation de la Divine Majesté, et éviter aux erreurs et hérésies de pluiseurs auteurs quy s'augmentoient journellement, grandement à la diminution de notre foy catholicque, au scandalle et détriment de tous bons chrétiens, et pour refréner la témérarité des héréticques, auroit par icelles ordonnances, lesquelles auroient esté publiées par diverses fois aux bretesques de ladicte ville et rafreschies et republiées à icelles bretesques de demy an à aultre selon lesdites ordonnances, adfin que d'icelles nul ne puist prétendre ignorance, esté ordonné et deffendu entre aultres choses que nul ne s'adventhast de tenir ou permectre en sa maison ou aultrement conventicules, assemblées, ne de communicquier ou disputer de la Saincte Escripture, meismement en matière doutifve ou difficille, ou lire à aultres ladicte Saincte Escripture ou preschier, s'ils ne fussent théollogiens approuvés par université fameuse ou aultres ad ce admis par les ordinaires du lieu, sur peine que les contrevenans auxdittes ordonnances seroient exécutés par le feu, et ceulx non persistans, sy comme les hommes, par l'espée, et les femmes par la fosse, et, avecq ce, confiscation de tous leurs biens.

Veu aussy le procès de Rolland De Grimaupont, sayeteur, amplement et meurement fait et demené tant par informations, interrogatoires et confessions dudit Rolland pluiseurs fois reytérées en jugement par devant nous comme aultrement deuement. par lesquelles nous seroit et est souffissamment apparu icelluy Rolland avoir presté accès pour, passant par la maison en laquelle il fait résidence, aller en certaine maison prochaine non occuppée pour lors par personne, en laquelle maison a esté faite certaine conventiculle et assemblée de grand nombre de gens auxquels certain personnaige lay forain, *à présent fugitif* [1], auroit fait certain sermon et exortation, en ayant aussy par pluiseurs fois oy les prédications et exortations d'icelluy et

---

[1] Ces mots indiquent qu'il ne s'agit pas de Brully, puisque celui-ci était prisonnier.

d'aultre semblable prédicateur [1] en pluiseurs lieux de laditte ville, et d'un mauvais et pervers coraige soustenu erronnées, faulses et hérélicques propositions, et aussy en la saincte foy catholicque, ensemble contre les constitutions et commandemens de notre Mère Sainte Eglise et la puissance d'icelle, et communicquié et disputé de la Sainte Escripture, et aultres erreurs plus au long contenus en sondit procès, le tout en contrevenant directement aux ordonnances et édits de l'Empereur, notre dict Sire.

Toutes lesquelles erreurs et propposilions contenues en son dict procès auroit et a depuis en jugement par devant nous revocquié et persisté en icelle révocation, ayant néantmoins ledict Rolland de Grimaupont encouru en ladicte peine de mort contenue esdites ordonnances faites sur la pugnition des infracteurs d'icelles ordonnances.

Pourquoy, ces choses considérées, en ensuyvant lesdites ordonnances et édicts fais et statués par l'Fmpereur, nostre Sire, avons icelluy Rolland de Grimaupont condempné et condempnons d'estre exécuté par l'espée, en luy séparant la teste du corps tant que mort s'en ensieuve, sur le grand marchié de ladicte ville, en déclarant ses biens confisquiés, pour les tourner et convertir selon et en ensuyvant lesdites ordonnances, par notre sentence criminelle, jugement et pour droit.

Pronunchié publicquement en jugement à huys ouvers, présent grand nombre de peuple pour ce assemblé, le joedy v° jour de février XV° XLIII [2], et ladite exécution faite ledit jour de l'après disner.

Et sy requist ledict De Grimaupont avoir terre saincte, quy luy a esté accordé par les dessus nommés.

XXV.

Sentence de mort contre Pierre Brully, ministre calviniste.

Du 19 février 1545.

Inédit. — Même registre.

Veu par nous Charles de Thisnacq et Denis Van der Sare, conseilliers de l'Empereur notre Sire et commissaires depputés en ceste partie de par Sa Majesté, les lieutenant de Monsg[r] le bailly de Tournay et Tournésis, conseilliers de l'Empereur nostre Sire esdit bailliage, et prévosts, jurés et conseil de laditte ville et cité, les ordonnances faites et statuées par l'Empereur, nostre

---

[1] Sans doute Brully, quoique les mots : *à présent prisonnier,* ne figurent pas au texte.

[2] 1545. N. S.

dict Sire, par lesquelles désirant de tout son pooir l'honneur de Dieu, notre
créateur, aussy l'exaltation de la divine Majesté, et éviter aux erreurs et hérésies de pluiseurs auteurs qui s'augmentoient journellement, grandement à la
diminution de notre Saincte foy catholicque, au scandalle et détriment des
bons chrétiens, et pour refréner la témérarité desdits héréticques, auroit par
icelles ordonnances, lesquelles avoient esté publiées par diverses fois aux bretesques de ladicte ville et rafreschies et republiées à icelles bretesques de demy
an à aultre selon lesdites ordonnances, adfin que d'icelles nul ne puist prétendre ignorance, esté ordonné et deffendu entre aultres choses que nul ne
s'advanchast de tenir ou permectre en sa maison ou aultrement conventiculles, assemblées, ne de communicquier ou disputer de la Saincte Escripture,
mesmement en matière doubtifve et difficille, ou lire à aultres ladicte Saincte
Escripture ou preschier, s'ils ne fuissent théollogiens approuvés par université
fameuse ou aultres ad ce admis par les ordinaires du lieu, sur peine que les
contrevenans auxdictes ordonnances seroient exécutés par le feu, et ceulx non
persistans, sy comme les hommes par l'espée, et les femmes par la fosse; et,
avecq ce, confiscation de tous leurs biens.

Veu aussy le procès de Pierre Bruslay, natif de Marsil-haut [1], terre commune à six lieuwes de Luxembourg et de Metz en Loraine, et naguères
demorant à Strasbourg, homme maryé pour la seconde fois, sy qu'il nous a dit
et déclaré, amplement et meurement fait et demené tant par informations,
interrogatoires et confessions dudit Pierres, librement, sans auculne contrainte, faites et pluiseurs fois reytérées en jugement par devant nous comme
aultrement deuement, par lesquelles nous seroit et est souffissament apparu
icelluy Pierres avoir, en contrevenant auxdites ordonnances et droit escript,
venu de proppos délibéré de ladite ville de Strasbourg ès pays de pardechà
à intention de suborner et séduire les bons, povres et simples chrestiens à
perverse doctrine, et, sieuvant ce, auroit preschié, traictié et disputté de ses
mauldites et perverses doctrines héréticques et réprouvées, tant en pluiseurs
maisons de cesdite ville et cité que ès villes de Lille, Vallenchiennes et ailleurs,
et d'un mauvaix et bérétique coraige, et demorant pertinach en icelluy, erré
et habusé contre le Saint Sacrement de l'autel et de la messe, ayant aussy
soustenu exécrables, détestables, erronnées et faulses proppositions, semblablement en la saincte foy catholique, ensemble contre les constitutions et
commandemens de Notre Mère Saincte Église et la puissance d'icelle, le tout
plus au long contenu en sondit procès, en encourant par ledit Pierres ès
peinés indites tant de droit que èsdites ordonnances de l'Empereur, notre dit
Sire, faites sur la pugnition des infracteurs desdites ordonnances.

Pourquoy, les choses considérées, en ensuyvant lesdites ordonnances et
édicts fais et statués par l'Empereur, notre Sire, avons icelluy Pierres Bruslay

---

[1] Mercy-le-Haut.

condempné et condempnons d'estre atachié à une estaque sur le grand marchié de ladite ville, et illecq estre bruslé et consumé en cendres, en déclarant ses biens confisquiés, pour les tourner et convertir selon et en ensuyvant lesdites ordonnances par notre sentence criminelle et pour droit.

Pronunchié publicquement en jugement, à huys ouvers, présent grand nombre de peuple pour ce assemblés, le joedy xix⁰ jour de febvrier XV⁰ XLIIII [1] et ladicte exécution faite ledit jour de l'après disner sur ung hourt.

—

XXVI.

Sentence de mort contre Jacques De le Tombe, cousturier.

Du 23 février 1545.

Inédit. — Même registre.

Veu par nous Charles de Thisnacq et Denis Vander Sare, conseilliers de l'Empereur, notre Sire, et commissaires depputés en ceste partie de par Sa Majesté, les lieutenant de Monsgʳ le bailly de Tournay et Tournésis, conseilliers de l'Empereur, notre Sire, èsdit bailliage, et prévosts, jurés et conseil de ladite ville et cité, les ordonnances faites et statuées par l'Empereur, notre dit Sire, par lesquelles désirant de tout son cœur l'honneur de Dieu, votre Créateur, aussy l'exaltation de la Divine Majesté, et éviter aux erreurs et hérésies de pluiseurs auteurs quy s'augmentoient journellement, grandement à la diminution de notre Saincte foy catholicque, au scandalle et détriment de tous bons chrétiens, et pour refréner la témérarité desdits héréticques, auroit par icelles ordonnances, lesquelles avoient esté publiées par diverses fois aux bretesques de ladite ville et rafreschies et republiées à icelles bretesques de demy an à aultre selon lesdites ordonnances, adfin que d'icelles nul ne puist prétendre ignorance, esté ordonné et deffendu aultres choses que nul ne s'advanchast de tenir ou permectre en sa maison ou aultrement conventiculles, assemblées, ne de communicquier ou disputer de la Saincte Escripture, meismement en matière doubtifve et difficille, ou lire à aultres ladite Saincte Escripture ou preschier, s'ils ne fuissent théollogiens approuvés par université fameuse ou aultres ad ce admis par les ordinaires du lieu, sur peine que les contrevenans auxdites ordonnances seroient exécutés par le feu, et ceulx non persistans, assavoir les hommes par l'espée, et les femmes par la fosse, et, avecq ce, confiscation de tous leurs biens.

Veu aussy le procès de Jaques De le Tombe, cousturier, natif de Roubaix,

[1] 1545. N. S.

amplement et meurement fait et demené tant par informations, interrogatoires et confessions dudit Jaques, librement, sans aulcune constraincte faites
et pluiseurs foys reytérées en jugement pardevant nous comme aultrement
deuement, par lesquelles nous seroit et est souffissamment apparu icelluy
Jaques De le Tombe avoir, en contrevenant auxdites ordonnances, soustenu
et permis en sa maison certaine conventiculle et assemblée de grand nombre
de gens auxquelles certain personnage lay et forain, de la secte héréticque et
réprouvée [1], auroit fait certain sermon et prédication, en ayant aussy par
plusieurs fois oy les prédications et exhortations dudit personnaige en certaine
aultre maison de ladite ville, en encourant par ledit Jaques De le Tombe en
ladite peine de mort contenue esdites ordonnances faites sur la pugnition des
infracteurs d'icelles.

Pourquoy, ces choses considérées, en ensuyvant lesdites ordonnances et
édicts fais et statués par l'Empereur nostre dict Sire, avons le dessus dict
Jaques De le Tombe condempné et condempnons d'estre exécuté par l'espée,
en luy séparant la teste du corps tant que mort s'en ensieuve, sur le grand
marchié de ladicte ville, en déclarant ses biens confisquiés, pour les tourner
et convertir selon et en ensuivant lesdites ordonnances, par notre sentence
criminelle et pour droit.

Pronunchié publicquement en jugement à huys ouvers, présent grand
nombre de peuple pour ce assemblés, le lundy xxiiie jour de febvrier XVc
et XLIIII [2], et ladite exécution faite ledit jour de l'après disner.

———

XXVII.

Sentence de mort contre Marie De le Pierre, femme de le Tombe.

Du 23 février 1545.

Inédit. — Même registre.

Veu aussy par nous dessus nommés les ordonnances de l'empereur, notre
Sire, et le procès de Marie De le Pierre, femme du dict Jaques De le Tombe,
amplement et meurement fait et demené, tant par information, interrogatoires et confessions de ladicte Marie De le Pierre, librement, sans aulcune

[1] Sans doute Brully, quoiqu'il soit désigné comme laïque. Voir la sentence suivante
où il est question de deux personnages, l'un « *lay et forain* », qui est celui désigné ci-
dessus, l'autre aussi « *lay et forain* » désigné comme « *à présent fugitif.* »
[2] 1545. N. S.

contraincte, faites et pluiseurs foys réytérées en jugement pardevant nous comme aultrement deuement, par lesquelles nous seroit et est souffisament apparu icelle Marie De le Pierre avoir, en contrevenant auxdites ordonnances, soustenu et assisté en sa maison ledict personnaige lay et forain de la secte héréticque et réprouvée, et permis en sadicte maison certaine conventiculle et assemblée de grand nombre de gens auquels ledict personnaige avoit fait certain sermon et prédication, en ayant aussy par pluiseurs fois oy tant les prédications et exortations du dict personnaige en pluiseurs maisons de ladicte ville que hors d'icelle, et aussy oy pluiseurs aultres prédications en aulcunes maisons d'icelle ville de certain aultre prédicateur aussy lay et forain, *à présent fugitif* [1], en encourant par ladicte Marie De le Pierre en ladicte peine de mort contenue esdites ordonnances faites sur la pugnition des infracteurs d'icelle.

Pourquoy, ces choses considérées, en ensuivant lesdictes ordonnances et édicts fais et statués par l'Empereur, notre Sire, avons la dessus dicte Marie De le Pierre condempné et condempnons d'estre exécutée par la fosse tant que mort s'en ensieuve, sur le grand marchié de ladicte ville, en déclarant ses biens confisquiés, pour les tourner et convertir selon et ensuivant lesdites ordonnances par notre sentence criminelle et pour droit.

Pronunchié publicquement à huys ouvers, en jugement, présent grand nombre de peuple pour ce assemblés, le lundy xxiii[e] jour de febvrier XV[c] XLIIII [2] et ladicte exécution faite ledict jour de l'après disner.

L'archiviste de la ville de Tournai, soussigné, certifie exactes les copies qui précèdent extraites du Registre de la loi repris sous le n° 147 de l'inventaire.

Tournai, le 16 janvier 1877.

N. Vandenbroek.

[1] Remarquez la différence qui existe entre cette sentence et la précédente. Dans la sentence prononcée contre le mari, il n'est question que d'un seul personnage « lay et forain ». Dans la sentence rendue contre la femme, sont cités deux personnages « lais et forains » dont l'un est fugitif. L'autre pourrait être Pierre Brully.

[2] 1545. N. S.

XXVIII.

Note de Charles de Tisnacq, concernant l'affaire de Brully.

1544-1545.

Autographe, inédit.

Liasse xLVIII de la restitution autrichienne de 1862.

Mémoire des remonstrances à faire à Sa M^té par Tisnacq sur le faict des complices de Me Pierre Brusley, prédicant de Straesbourg et aultres adherens à mauvaises sectes.

Premièrement, a trouvé par advis d'aucuns avec lesquelz il a secrètement traicté de cest affaire estre besoing de remonstrer à icelle Sa M^té , quant au faict des complices residens à Valenciennes, comm' il seroit bien exp édient envoier à lad. ville aucuns conseilliers pour assister avec les juges d'illec à la décision des procez des prisonniers, pour ce qu'il entent n'y avoir grande apparence ou espérance que bonne justice se face par ceulx de la loy illec selon les édictz et placcars, comme aussy ne sont les deux commiz illec sur le faict des luthériens, sans aultre adjonction, pour par eulx oser entreprendre la décision de telles matières, voire, que plus est, remonstrer qu'il sembleroit bien besoing de y envoier quelque chief, seig^r d'estat, pour présider en ceste matière, veue la disposition des affaires de lad. ville, comme la grant multitude des infectez, petit espoir de remède à l'advenir sy à ceste fois ne y soit pourveu, et apparence de grant péril que le tout ira de mal en pis, sy l'on ne y procède vivement à présent.

Que du moins, quant Sa M^té ne trouveroit de conseil faire ce que dessus, que en tout événement seroit besoing y envoier commissaires, pour, sur les aultres adhérens entre eulx seulement et secrètement se conformer, pour l'espoir que l'on a de pouvoir descouvrir encorres aultres que lesd^ts prison niers.

Semblablement, de remonstrer (et ce par advis de mons^r le gouverneur de la ville et chasteau de Tornay et lieutenant du bailliage) qu'il seroit aussy expé-dient de y envoier semblablement quelques conseilliers pour entendre à la judicature avec les juges d'illec sur le faict desd^ts prisonniers, pour ce qu'il y a aultrement aussy maigre espoir de vive observance desd^ts édictz, avec ce que la présence de telz personnaiges seroit pour donner craincte aux mavaix pour le temps advenir.

De ramentavoir aussy à Sad^te Majesté afin en pourvoir quant aux procédures à faire contre les fugitifz d'Arras, Lille, Tornay et Valenciennes, puisque les biens sont annotez.

Que Sad. M^té aura à pourveoir en la ville de Mons quant au faict de Claude Préval, prins à Condet et mené en lad^te ville pour avoir esté trouvé chargé par confession dud^t. prédicant de Straesbourg et commettre illec telz que plaira à icelle à la judicature de ceste et semblables matières, tant quant aud^t Claude que aultres que se pourront trouver chargez et estre menez en lad. ville, et qu'il a semblé à ceulx avec lesquelz il a communicqué sur le faict de Valenciennes que Sa M^{té} (soubz correction) feroit bien donner telle cognoissance à mons^r le duc d'Aerschot comme chief et quatre conseilliers d'icelle ville.

De sçavoir de Sa M^{té} sy elle entent que ceulx qui ne sont ou seront trouvez convaincuz que d'avoir ouy une, ii ou iii prédications, en cas de n'avoir aultre charge contre eux, soient comme transgresseurs exécutez selon les termes des édictz.

XXIX.

Note de la main de Charles de Tisnacq sur les aveux des prisonniers de Tournay.

1544-1545.

Autographe, inédit.

Restitution de l'Autriche en 1862. — Liasse XLVII.

(Archives générales du royaume de Belgique.)

Cette pièce, renseignée par M. Charles Rahlenbeck, est l'une des plus importantes du dossier.

Par elle, nous connaissons exactement le rôle de chacun et apprenons les noms de ceux qui échappèrent à la mort. Ce sont ceux de Jean de Vaulx, père et fils, Jean Ricart, Jacques Petit, Martin Pasquier, Simon Caverne, Guillaume Bauldry, Adrien Heghen, Jean le Poivre, Jean Denys, Hercule Clément, Brixet Garin, Jean Opalfens.

On remarquera la déclaration naïve du tailleur Jacques de le Tombe.

Recueil des confessions des prisonniers et n'est mise icy celle de Me Pierre, prédicant, pour ce que l'on tient Sa M^{té} en estre advertie.

PRISONNIERS DE TORNAY.

Arnoult Estaliscet, dit Myoche.

Confesse avoir reçeu en sa maison une prédication de Me Pierre et pardessus icelle avoir ouy une aultre. Dénye le sainct sacrament de l'autel, le purgatoire, confession au préhstre et prière des sainctz, et est taillé selon l'apparence de morir esd^{tes} erreurs.

Jan Bargibant.

Confesse avoir ouy quatre prédications, avoir accordé sa maison pour y prescher, mais sans effect pour la descouverture [1], avoit souvent communicqué de la saincte escripture et avoit conversé avec sire Jan Ricebourg (suspect et fugitif) [2].

Dénie led[t] sainct sacrament, confession au prebstre, permission d'absouldre, commandement des hommes et concilles, purgatoire et pryères des sainctz ou pour les trespassez.

Taillé de persévérer comme dessus [3].

Rolant de Grimaupont.

Confesse avoir reçeu en sa maison une prédication et encorres en avoir ouy deux.

Du purgatoire et confession se tient à ce que Dieu en a ordonné sans vouloir respondre plus avant.

Jean de Vaulx, le jeusne [4].

Confesse avoir reçeu une prédication en sa maison et avoir ouy en tout cincq, avoir donné à soupper aud[t] Me Pierre [5].

Jan Ricart, embotteur (bottier).

Confesse avoir reçeu une prédication en sa maison et en avoir ouy deux aultres.

Ne sçavoit s'il y avoit purgatoire. Quant n'y auroit imaiges, s'en passeroit bien [6].

Jan de Vaulx, l'aisné [7].

Confesse avoir plusieurs foiz ouy les sermons tant de Me Pierre que d'autres. Avoit souppé en la maison de son filz avec led[t] Me Pierre et Antoine [8], où auroit esté disputé du sainct sacrament de l'autel.

[1] C'est-à-dire : qu'on avait justement découvert tout ce qui se rapportait à l'apostolat de Brully, au moment ou Jan de Bargibant avait prêté sa maison. D'autres personnes pensent que ce mot de : *descouverture* peut signifier que le toit de la maison était enlevé.

[2] Sans doute un des précurseurs de Brully.

[3] On sait au contraire qu'il vint à résipiscence.

[4] Le fils.

[5] Voilà certes un homme bien compromis, et cependant nous ne trouvons pas de sentence contre lui à Tournay.

[6] Pas de sentence.

[7] Le père.

[8] Antoine Itero.

Sur led^t sainct sacrament, dict n'avoir assés estudié pour en respondre
Ne sçait si le pape peult donner indulgence. Sy l'on doibt pryer pour les
trespassez, s'il y a purgatoire, depuis en croit comme l'esglise [1].

JACQUES PETIT, DICT DE VAULX.

Confesse avoir ouy deux prédications, ne sçavoit respondre du sainct sacrament, treuvant que nostre seigneur ait institué la cène. Ne sçavoit s'il y a purgatoire [2].

MARTIN PASQUIER.

Confesse avoir ouy trois prédications et y avoir esté pour voulentiers ouyr
la parolle de Dieu [3].

SIMON CAVERNE.

Confesse avoir ouy deux prédications, l'ugne estant appellé en passant par
illec et l'aultre gardant ses biens, comme sa court joindoit sans mur entre
deux à la maison où l'on preschoit et comme il avoit esté adverty que lors de
la prédication il print garde à iceulx (biens) [4].

GUILLAUME BAULDRY.

Confesse avoir ouy deux prédications et avoir aultre fois traicté avec
Arnoult Estaliscet du purgatoire [5].

ADRIEN HEGHEN.

Confesse avoir ouy deux prédications. Luy avoir aultresfois esté défendu
de ne converser avec suspectz. Ne sçavoir sy les sainctz peuvent pryer pour
nous [6].

JAN LE POIVRE.

Confesse avoir ouy une prédication. Ne sçavoit s'il y a purgatoire. Monstre
douster du sainct sacrament de l'autel et de la confession. Depuis, par sa
seconde confession, revocque le tout quant à la foy, disant avoir esté estonné
lors de la première (confession).

Jan Denys, Hercules Clément, Brixet [7] Garin confessent avoir chascun ouy
une prédication [8].

[1] Pas de sentence.
[2] Id.
[3] Id.
[4] Id.
[5] Id.
[6] Id.
[7] Diminutif de Brixe, prénom très-usité à Tournay.
[8] Même observation pour ces quatre individus.

JAN OPALFENS.

Confesse avoir ouy une prédication, comme il estoit requis aller ouyr un homme. Ne sçait d'aultre purgatoire pour luy que le sang de Jésus-Christ. Se rapporte aux théologiens sy les pryères pour les trespassez, suffrages et obsèques sont utilles.

Depuis, par sa seconde confession quant au purgatoire, croit qu'il en y a, si l'esglise le croit [1].

JACQUES DEL TUMBE, COUSTURIER.

Confesse avoir prins la mesure d'ugne robbe pour led^t Me Pierre, comme Simon Liébart le mena à sa maison à ceste fin, et estre délivrée par sa femme aud^t prédicateur une chemise blanche, comm' il dévestit l'orde [2] en sa maison, et avoir disné une fois avec led^t prédicant [3].

[1] Id.

[2] La chemise sale.

[3] Nous pensons que cette pièce ne représente pas le dernier état des procédures, puisque la femme de le Tombe n'y figure pas.

NOTE.

Comme l'on n'a jusqu'ici que fort peu de renseignements sur le séjour de Brully à Metz, nous ne croyons pas devoir passer sous silence une polémique qui s'est engagée dans la *Gazette de Lorraine*, journal de Metz, entre M. Abel, avocat en cette ville et député au Reichstag, et M. Charles Rahlenbeck, érudit belge connu pour l'étude approfondie qu'il a faite du XVIe siècle et de la réforme dans les Pays-Bas.

Ce dernier, ayant bien voulu nous communiquer les exemplaires dans lesquels ont paru les articles de polémique dont il s'agit, nous allons résumer le plus brièvement qu'il nous sera possible les arguments des deux adversaires; puis, nous exposerons impartialement notre opinion, d'après les sources originales qui voient le jour pour la première fois.

§ 1.

Premier article de M. Rahlenbeck, avril 1876.

1o Me Pierre Brusly (c'est l'orthographe adoptée par M. R.) appartient à une famille échevinale de Metz. Un Jean Brouly, Brusley ou Brusly était vers 1480 l'un des sept de la guerre (conseil messin ou plutôt délégation du corps municipal ayant dans ses attributions les choses de la guerre).

Notre personnage serait sans doute l'un des élèves du célèbre Chansonnette qui, vers le milieu du XVIe siècle, attira nombre de jeunes messins à l'université de Bâle.

2o Diverses sources contemporaines le présentent comme ayant exercé à Metz la profession d'avocat, mais en 1558 ou 1559, il serait allé trouver à Strasbourg Me Jean Calvin, qui le reçut au nombre des ministres de la nouvelle église. Dans cette ville, il se lia avec divers théologiens ou ministres, notamment avec Paul Fagius, de Saverne, et Martin Bucer, de Schelestadt, (dont le véritable nom est sans doute *Butzer*, Bucer n'étant que l'abréviation du vocable latin : Bucerus). C'est pourquoi Brully est souvent qualifié dans les correspondances officielles de : Prédicant de Strasbourg ou de ministre d'Allemagne.

3° La communauté à laquelle il appartenait à Strasbourg (l'église française réformée) se composait en grande partie de réfugiés français, auxquels la sévérité des édits de François Ier n'avait pas permis de demeurer dans leur patrie, et qui, du lieu de leur refuge, entretenaient des communications incessantes avec leurs parents picards, normands, etc.

Sa charge de pasteur de ladite église empêcha sans doute Brully d'accompagner d'une manière suivie Guillaume Farel à Metz en 1542. Il est néanmoins probable qu'il abandonna plusieurs fois ses occupations pastorales pour venir prêcher l'évangile secrètement dans son ancienne résidence, et certes ces excursions n'étaient pas sans danger, puisque G. Farel put redouter un jour d'être saisi et pendu à Gorze par les gens de l'évêque de Metz.

4° Brully aurait été chargé par le consistoire de Strasbourg de visiter une première fois les villes d'Amiens, d'Arras et de Valenciennes. Ce serait au cours de cet apostolat qu'il aurait converti à la religion réformée le célèbre jurisconsulte François Bauduin (qui changea, dit-on, de religion jusqu'à sept fois). Ce serait aussi dans la même mission qu'il aurait exercé ce prosélytisme dont l'évêque et duc de Cambray, Robert de Croy, se plaignait amèrement dans ses lettres à la reine Marie de Hongrie.

5° Lorsqu'en septembre 1544 Brully se rendit de Strasbourg à Tournay, il accompagna, déguisé en marchand, les députés tournaisiens qui étaient venus demander un ministre à Martin Bucer. Les documents originaux prouvent qu'il était à cette époque en relations avec la cour de Navarre, personnifiée, au point de vue de la religion, en la célèbre Marguerite de Valois, sœur de François Ier. — C'est ainsi qu'il fut accompagné dans cette mission de 1544 par Claude de Perceval, écuyer du roi ou de la reine de Navarre, et par Antoine Pocquet, aumônier de la cour de Pau (Belge, né à Enghien). Perceval fut arrêté à Condé-sur-Escaut et fut transporté au château de Mons. Le sort qui lui fut réservé est resté inconnu. Quant à Antoine Pocquet ou Poquet, il échappa heureusement et put retourner à Pau.

6° Lorsque l'on discuta le mode à employer pour s'évader de Tournay, Brully songea d'abord à risquer l'épreuve de la cire sur le pouce. Il en fut détourné et se résigna alors à se laisser dévaler, à l'aide de cordes, du haut des murailles de la ville.

7° Une fois sur le bûcher, Brully ne put parler, empêché qu'il fut par la poire d'angoisse qu'on lui avait introduite dans la bouche.

8° Sa veuve (sa seconde femme, car sa sentence de mort prouve qu'il se maria deux fois) épousa en 1546 Me Elie, qui avait été moine ou prieur de l'abbaye de Liessies en Hainaut et qui en 1550 devint pasteur de l'église réformée de Sainte-Marie-aux-Mines, en Alsace.

§ 2.

Réplique de M. Abel, mai 1876.

1° Pierre Brusly ou Brusley n'est pas un Messin; c'est un Allemand, dont le véritable nom est Brull (de *Brullen*, beugler, mugir). Ce nom de Brull est donc l'équivalent teuton du sobriquet de *Grognat*, qui se rencontre souvent dans les annales de Metz.

Le 3 juillet 1526, un seigneur allemand, du pays de l'Eifel près de Gérolstein, venait à Metz, envoyé par le comte de Manderscheidt pour régler un procès. Il s'appelait seigneur Thomas Broulle. Il envoya l'un de ses fils, Peters Broul, étudier dans un couvent de frères de St-Dominique, établi sans doute à Metz. Là, ce dernier prit le costume de l'ordre et prononça les trois vœux d'obéissance, de pauvreté et de chasteté. Il fit même d'assez bonnes études pour devenir vers 1541 lecteur dans ce couvent, dont Watrin Du Bois était prieur [1].

Une lettre adressée de Montbéliard le 31 décembre 1541 par un réformé messin (nommé Meurisse (?)) à G. Farel lui apprenait qu'un Jacobin (ou dominicain) avait prêché à Metz l'évangile *purement*, c'est-à-dire, à la mode de Calvin, et qu'un provincial de l'ordre était accouru au monastère de la rue des Prêcheurs (ou aux Ouies) pour y faire cesser ces prédications hérétiques.

Le 1er février 1542, les réformés messins prévenaient la municipalité que deux jacobins, *le lecteur et le prieur*, dogmatisaient « aux hauts prescheurs » le plus près de la vérité. Ils demandaient que les deux dominicains, morigénés et même expulsés par le provincial de leur ordre, fussent réintégrés dans leur couvent.

Le ministre Paul Ferry, qui vivait au XVIIe siècle et dont les mémoires manuscrits en deux volumes reposent à la bibliothèque de la ville de Metz, dit en note que ces deux jacobins étaient Watrin Dubois et Pierre Brusly, et que c'étaient les deux prêcheurs dont il est parlé dans la requête précitée.

Les réformés messins n'avaient plus voulu de Pierre Brully, qui leur était devenu suspect depuis que G. Farel était arrivé à Metz [2]. — Ce fait grave est attesté par une lettre de Bucer à Calvin, où il lui dit que les réformés messins ont adressé une nouvelle requête au maître échevin, Gaspard de Heu, et demandé qu'on laissât Farel parler dans Metz, « veu que Sathan, au lieu de » Farel, leur avoit intrus ung qui ne preschoit *distinctè nec fervidè.* »

---

[1] Ce couvent était situé rue des Prêcheurs ou rue aux Ouies, appelée par corruption rue *Aux Ours*, et que pour cette raison les Allemands ont appelée depuis leur conquête *Boerenstrasse*.

[2] Et en effet, les rapports entre Brully et Farel n'étaient pas des meilleurs, puisque la longue lettre du 6 octobre 1543, précitée, où Valéran Poulain défend si ardemment notre personnage, est adressée à Farel.

2° **M.** Abel refuse de reconnaître à notre personnage le titre d'avocat messin. Celui-ci a été, suivant lui, confondu avec des homonymes, qui ont, eux, été véritablement avocats à Metz, soit qu'il s'agisse de Jehan Burley, qui en 1531 était aux gages de la ville de Metz comme interprète allemand, soit que plutôt il s'agisse d'un avocat messin, nommé Jehan Bruslé, qui joua un rôle important lors de la réunion à la France de la ville et de l'évêché de Metz. Ainsi ce dernier accompagna en 1556 à la cour de France, Gaspard de Heu et Claude'de Talange, ce dernier conseiller-échevin, chargés d'une mission ayant pour objet la cession légale à Henri II des droits de souveraineté sur Metz et le pays messin. — Plus tard il signa avec les représentants des trois ordres dudit pays la ratification de cette union.

Puis ce Bruslé disparaît. On admet généralement qu'il se fit réformé, passa dans le Dauphiné et devint ministre à Valence vers 1560.

Seulement une confusion s'est introduite relativement à son prénom qui de Jehan est devenu : Pierre. Cette erreur est imputable à Ancillon et elle a été répétée par Don Calmet, le docteur Bégin et M. Othon Cuvier.

§ 3.

Duplique de M. Rahlenbeck, mai 1876.

Elle ajoute peu aux allégations déjà connues. M. Rahlenbeck y discute surtout l'étymologie du nom patronymique : Brull, qui, suivant lui, ne viendrait pas de *Brullen*, mugir, mais de *Broel*, marécage.

DISCUSSION.

Nous avons exposé avec une impartialité que nous croyons rigoureuse les dires des deux adversaires. Nous les avons même résumés avec la sécheresse d'un procès-verbal.

Nous allons maintenant discuter ces dires, en nous appuyant sur les documents publiés par nous.

PREMIÈRE QUESTION. — Notre personnage, qu'il s'appelle Brully, Brusly, Bruslé ou Brûlé, est-il allemaud'ou messin ?

Le doute n'est pas possible. La sentence de Brully, qui nous donne divers renseignements nouveaux et entre autres que le prédicant fut marié deux fois, nous annonce que son lieu de naissance est « Marsil-haut, terre commune à six lieues de Luxembourg et de Metz en Lorraine. » Il y a deux Mercy-le-haut; l'un est situé dans l'ancien canton de Pange, sur la route de Metz à Strasbourg; l'autre (la patrie des Mercy-Argenteau) est situé entre Metz et Luxembourg, dans le canton encore français d'Audun-le-Roman. C'est là qu'est né Brully. Il est donc incontestablement messin.

D'un autre côté, M. Abel nous dit que le soi-disant père de Brully, le seigneur Thomas Broull, serait venu à Metz en 1526, pour s'occuper d'un procès du comte de Manderscheidt. Un homme qui se déplace dans ces conditions ne se fait pas accompagner de sa famille et ne se fixe généralement pas dans le lieu où l'ont amené des affaires de leur nature accidentelles et transitoires. Il est donc très-probable que sire Thomas, si réellement il vint à Metz, retourna, le procès une fois jugé, dans son château situé, dit M. Rahlenbeck près d'Andernach.

Allons encore plus loin. Supposons qu'il ait amené ses enfants et que l'un de ceux-ci fût notre personnage. Il faut bien admettre qu'à cette époque (1526), ce dernier avait au moins dix ans, car, pour être pasteur, il devait avoir au moins 25 ans en 1541. D'où la conséquence qu'il serait né en Allemagne, soit dans l'Eifel, soit près d'Andernach, là où demeurait son père, mais non à Mercy-le-haut.

L'opinion de M. Abel est donc complétement inadmissible.

Celle de M. Rahlenbeck ne peut être repoussée aussi péremptoirement, car le nom de Brusly ou Brully étant fort répandu dans le pays messin, il n'est pas impossible que la famille Brully de Mercy-le-haut ait eu des liens de parenté avec la famille échevinale de Metz.

Quant à nous, notre sentiment est que Pierre Brully eut pour père un paysan ou un petit bourgeois de Mercy-le-haut et que son mérite seul l'éleva au rang de lecteur dans le couvent de la rue aux Ouies. Nous avons vu par la lettre de Sturm à Calvin qu'il était en 1542 plongé dans un absolu dénûment. Cela ne s'accorde guère avec l'hypothèse qui le ferait sortir d'une famille patricienne.

L'appellation de prédicant d'Allemagne, invoquée par M. Abel, est de nulle valeur. Elle est synonyme de celle-ci : Prédicant de Strasbourg.

DEUXIÈME QUESTION. — Brully fut-il avocat à Metz avant de devenir prédicant réformé.

La question est douteuse. D'un côté, quelques auteurs, et entre autres les frères Haag, qui appellent notre personnage *Brûlé*, le prétendent et on peut dès lors admettre qu'il a existé à cet égard une tradition ayant sans doute quelque fondement.

D'un autre côté, ni Crespin, ni Sleidau, ni Paul Freher de Nuremberg (dans son *Theatrum virorum fruditione singularé clarorum-Norimbergœ*, 1688), ni enfin les pièces publiées par nous, ne donnent à Mᶜ Pierre le titre d'avocat.

Enfin, il faut le dire, les arguments négatifs de M. Abel sont très-forts. Du moment où, vers le milieu du XVIᵉ siècle, il se rencontre à Metz des avocats, portant à peu près le même nom et jouissant d'une grande notoriété, on comprend aisément que l'homonymie a pu induire en erreur les contemporains eux-mêmes.

3° Nous n'avons pas à discuter les pièces produites par M. Abel relativement au rôle peu avantageux qu'aurait joué à Metz notre maître Pierre, comme prédicant. La lettre de Meurisse, la requête du 1er février 1542, le passage de Paul Ferry, la lettre de Bucer à Calvin, tout cela doit être retenu au débat et sera sans doute l'objet d'un nouvel examen de la part des érudits messins.

Disons cependant une chose qui ne pourrait échapper à un œil attentif. Comment Meurisse, dans sa lettre du 31 décembre 1541, et les réformés messins, dans leur requête du 1er février 1542, comment Bucer, dans une lettre qui est postérieure d'une année peut-être à la précédente, ont-ils pu parler de Brully comme d'un homme qui prêche encore à Metz, alors que, depuis le 13 septembre 1541, celui-ci avait succédé à Calvin comme ministre de Strasbourg? Cela serait en effet inintelligible, si l'on n'admettait pas que, dans le courant de 1542, Brully quitta plusieurs fois son poste, pour venir à Metz aider dans leurs prédications soit Guillaume Farel, soit Watrin Dubois.

Là serait peut-être l'explication de ces excursions, à raison desquelles Valéran Poulain le défendait si vertement.

Remarquons enfin que Brully n'est nulle part désigné nominativement. Nous sommes porté à penser que l'individu désigné dans la lettre de Meurisse est plutôt Watrin du Bois que Brully, parce que le premier est plus en vue que le second? Est-ce bien aussi ce dernier qui est signalé comme un intrus satanique? Cela n'est pas certain. En tout cas, ce n'est pas Watrin du Bois qui est ainsi désigné, car il jouissait d'une haute estime dans l'église réformée de Metz [1].

QUATRIÈME QUESTION. — Brully accomplit-il une première mission à Arras, Valenciennes, etc., vers 1541 ou 1542, à l'instigation de l'Église de Strasbourg?

Nous dénions formellement ce fait.

Suivant nous, les historiens, qui ont avancé cette assertion ou hasardé cette hypothèse, n'ont pas fait assez attention aux dates. Ils font sortir Brully du couvent en 1538 ou 1539, ce qui donne de la marge pour intercaler cette soi-disant première mission entre ladite sortie et la mission de 1544. Mais c'est là une erreur qui ne résiste pas à l'examen. Brully ne sortit du cloître des Dominicains qu'à la fin de 1540 ou au commencement de 1541. La phrase que nous avons déjà citée : « mais *depuis quatre ans* aurait délaissé le total

---

[1] Il existe dans les Archives de Bruxelles (liasse 17 de l'audience) un dossier des plus importants. C'est celui de la mission du conseiller Charles Boisot, envoyé en octobre 1543 par Charles-Quint à Metz pour y extirper le culte réformé.

Dans une lettre adressée au chancelier de Granvelle, le 21 octobre 1543, Boisot s'exprime ainsi au sujet du départ de Watrin du Bois : « Depuis led. frère Waltrin est party en habit séculier, que n'a peu estre si secrètement qu'il ne soit esté aperçeu et accompaignié jusques à la porte avec huées et cris de détestation de plusieurs hommes, femmes et enfans. Et a prins son chemin, comme j'entens, vers Straesbourg. »

ordre ecclésiatique, » est formelle, puisqu'elle se trouve dans une pièce datée de février 1545.

D'un autre côté, Paul Freher dit en parlant de notre personnage : *Philosophiæ magister et theologiæ studiosus anno 1539.* Ainsi en 1539, Brully professait la philosophie à l'école des Dominicains et y étudiait la théologie, mais il n'était nullement prédicant réformé. Ses premières prédications durèrent à peine six mois, car elles sont forcément comprises entre le mois de janvier ou de février 1541 et le mois de juillet suivant où nous le rencontrons à Strasbourg comme commensal de Calvin.

Et à partir du jour où il succéda à Calvin, comment aurait-il pu voyager en Picardie, en Hainaut, etc., lui à qui l'on reprochait si amèrement les courtes excursions qu'il faisait. (Probablement à Metz?)

Mais, dira-t-on, ce fut dans cette première mission qu'il convertit à la religion réformée le célèbre jurisconsulte Bauduin?

Oui certes, Brully fut pour quelque chose dans l'un des virements religieux de Bauduin. Mais leurs entretiens eurent lieu à Arras *en octobre 1544, ainsi que le prouvent jusqu'à la dernière évidence les pièces relatives à cette ville que nous publions dans la seconde partie de cette étude.* Il résulte de ces documents aussi clairement que possible que ce furent leurs relations avec Brully qui valurent à Crespin et à Bauduin les sentences prononcées en la maison rouge de leur ville natale [1].

Le n° 12 des pièces relatives à Arras fait même ressortir une connexité des plus remarquables entre les particularités qui y sont rapportées et plusieurs passages de l'article des frères Haag sur Baudouin.

En effet, on voit dans cette pièce n° 12 le gouverneur d'Arras prononcer le 13 avril 1545 le bannissement de Crespin et accorder un sursis de quinze jours à Baudouin pour se présenter en personne.

Voici en effet ce qui s'était passé.

Au moment où Bauduin rencontra Brully à Arras, il avait son domicile à Paris et l'avait quitté pour quelques jours, afin de venir se reposer dans sa ville natale. Lorsqu'il apprit qu'il était compromis, soit par les papiers, soit par les aveux de Me Pierre, et qu'une assignation était lancée contre lui, il quitta aussitôt sa besogne du moment (la correction des épreuves de son commentaire sur les institutes de Justinien) et se mit en route pour se présenter devant les magistrats de sa ville natale. Mais, soit que sa mère l'accompagnât, soit que, restée à Arras, elle ait envoyé un émissaire au-devant de son fils, toujours est-il que Baudouin, sur les supplications ou les avis secrets de sa mère, s'arrêta à Péronne et rebroussa chemin sur Paris. Ce fut alors qu'il fut condamné comme contumace au bannissement et à la confiscation de biens.

---

[1] La sentence contre Crespin est du 13 avril 1545. Celle contre Baudouin est postérieure d'environ quinze jours.

Il est fort probable que si Crespin et Baudouin ne se fussent pas dérobés aux poursuites, ils auraient eu le même sort que Brully. Les lettres de Tisnacq ne peuvent laisser aucun doute sur ce point.

5º Tous les détails relatifs au voyage de Brully, à ses relations avec Claude de Perceval et Antoine Pocquet [1] appartiennent à Mr Rahlenbeck, à qui l'honneur doit en être reporté. C'est également cet érudit qui nous a renseigné sur la note autographe où Tisnacq résume les aveux des prisonniers de Tournay et de Valenciennes, document si précieux et si important.

Il était juste de faire la part de chacun et surtout c'était un devoir de ne pas enlever à un érudit le mérite de découvertes qu'il n'a faites qu'à force de travail et de patience.

[1] M. Rahlenbeck a trouvé des renseignements sur Pocquet dans les archives de Pau. Il en résulte que celui-ci fut employé de 1540 à 1549 comme aumônier à la cour de Navarre, aux gages de 80 livres par an, et qu'il mourut pauvre postérieurement à l'année 1560 (*Messager de Gand*, année 1868).

SECONDE PARTIE.

LES CONSÉQUENCES DE LA MISSION DE BRULLY A VALENCIENNES, LILLE, DOUAY ET ARRAS.

POURSUITES DIRIGÉES DANS CES VILLES CONTRE SES DISCIPLES. — LUTTES DES CORPS DE MAGISTRATURE LOCALE CONTRE LE POUVOIR CENTRAL POUR LA CONSERVATION DES PRIVILÉGES DESDITES VILLES ET NOTAMMENT DU PRIVILÉGE DE NON-CONFISCATION DE BIENS [1].

Dans la première partie de cette étude, nous nous sommes efforcé de retracer la jeunesse de Brully, les incidents de son séjour à Metz et à Strasbourg, sa mission à Tournay, sa capture, les péripéties de son procès et enfin sa mort.

Il nous reste, pour épuiser les résultats de nos recherches, à présenter au lecteur le récit des conséquences qu'amena cette mission à Valenciennes, Lille, Douai et Arras.

[1] Cette seconde partie est publiée à mes frais, l'Académie royale de Belgique qui, en plusieurs circonstances, a bien voulu encourager mes travaux, s'étant refusée à publier dans ses Mémoires la partie de cette étude relative à des événements qui se sont accomplis dans des villes aujourd'hui françaises.

7

AFFAIRES DE VALENCIENNES.

A Valenciennes, comme à Tournay, les poursuites eurent deux phases. Elles furent en premier lieu dirigées par le prévôt-le-Comte, le magistrat et le protonotaire d'Estrées, prévôt des églises de Mons et de Nivelles; en second lieu, par cinq commissaires spéciaux, dont nous donnerons ci-après les noms.

§ 1.

Première phase.

Le 26 décembre 1544, la reine douairière de Hongrie écrit au protonotaire. Brully, lui dit-elle, a prêché secrètement et de nuit à Valenciennes, mais, étranger dans cette ville, il allègue qu'il ne pourrait reconnaître ni les maisons où il a « dogmatisé », ni les maîtres de ces maisons, ni ceux qui ont assisté aux conventicules.

Il faut donc mener Brully de rue en rue, afin qu'il désigne les maisons qui lui ont servi d'asile. En outre, il y a lieu de prendre des précautions particulières. Ainsi le prédicant ne doit entrer en ville qu'à la tombée de la nuit, au moment où l'on clôra les portes. Dans la nuit même les investigations devront être terminées, les maisons reconnues. Aussitôt après, les personnes dénoncées seront arrêtées et les portes de la ville resteront fermées jusqu'à ce que l'on ait fini de s'assurer des individus suspects.

Autre point non moins important : Le commissaire Tisnacq,

qui conduira et accompagnera Brully à Valenciennes, doit être
assisté « de gens entiers et bons chatolicques », qui ne fassent
point passer d'avis aux sectaires et ne leur procurent pas des
moyens d'évasion. C'est pourquoi le protonotaire est requis de
se rendre incontinent en cette ville. Tisnacq l'y suivra de près
et sera porteur de lettres de créance en blanc. C'est alors que le
protonotaire pourra se signaler, « en faveur de la saincte foy et
conservation de l'anchienne religion », en indiquant les échevins « confidens, » au nom desquels les blancs pourront être
remplis [1].

Tel est le point de départ du récit qui va suivre.

Le protonotaire, qui résidait à Mons, ne jugea pas à propos de
suivre au pied de la lettre les instructions de la Gouvernante. Il
fit savoir à Tisnacq, par une missive qui parvint à celui-ci le
31 décembre au matin [2], qu'il ne quitterait Mons que lorsque
l'avocat fiscal de Brabant lui aurait donné de ses nouvelles. En
revanche, il lui conseilla d'appeler par devers lui Me Pierre
Leliepvre, qui, en 1544, occupait à Valenciennes l'office de pensionnaire du magistrat, afin de l'entretenir des affaires de cette
ville. Il lui transmit en même temps un autre avis qu'il disait
tenir de Leliepvre, à savoir que le transport de Brully à Valenciennes offrirait de véritables dangers.

Tisnacq suivit le conseil de d'Estrées en ce qui concernait
Pierre Leliepvre; il manda le pensionnaire, qui prit congé de lui
le 5 janvier 1545 et retourna à son poste, muni d'un extrait des
interrogatoires de Brully, comprenant tout ce qui concernait les
complices Valenciennois. Dans cette entrevue, Tisnacq et Leliepvre convinrent de leurs faits et gestes. Il fut reconnu que le

[1] La reine de Hongrie au protonotaire d'Estrées, du 26 décembre 1544,
n° 1 du dossier Valenciennois.

[2] Tisnacq à Louis Schore, président du conseil privé, du 31 décembre 1544,
dans le dossier de Tournay. On voit dans cette lettre que celle de d'Estrées,
parvenue à Tisnacq, le 31 décembre, se croisa en route avec une missive
adressée le même jour par Tisnacq à d'Estrées et contenant un extrait des
interrogatoires de Brully, en tant que ceux-ci concernaient les adhérents de
Valenciennes.

premier ne devait se déranger qu'après que toutes les arrestations seraient faites à Valenciennes. Tel était l'avis du prévôt,
Nicaise Chamart. C'était aussi l'opinion de Leliepvre, limier très-
exercé dans ce genre d'opérations, lequel espérait bien à l'aide de
la « confession » du prédicant, découvrir les adhérents de celui-ci.
Il fut surtout question dans ces entretiens des dangers que pouvait présenter le transport du prisonnier, et Tisnacq paraît en
avoir été si frappé que, dans deux de ses lettres [1], il demande sur
ce point de nouvelles instructions, tout en reconnaissant que, si
les arrestations aboutissent à Valenciennes, son voyage et le
transport de son prisonnier seront indispensables au point de
vue de la confrontation [2].

Leliepvre ne réussit que médiocrement dans sa tâche. Ses allées
et venues donnèrent l'éveil aux sectaires valenciennois. Le lecteur verra plus loin que le nombre de ceux d'entre eux qui se
dérobèrent par la fuite aux poursuites fut considérable, et que
les officiers de justice ne purent mettre la main que sur quatre
individus au moins ou six individus au plus.

Ces arrestations eurent lieu du 3 au 6 janvier 1545. Tisnacq fut
alors requis par le magistrat de venir assister aux interrogatoires.
Sans doute la réponse de la reine de Hongrie, relativement au
transport de Brully, avait été affirmative et même pressante, car,
le 8 janvier, le commissaire impérial partit pour Valenciennes,
emmenant avec lui son prisonnier, sous une escorte assez nombreuse formée par Jean d'Oignyes [3]. A son arrivée, il dut remettre
les lettres de créance dont il était porteur à l'adresse du protonotaire, du prévôt-le-Comte et de ceux des membres de l'échevinage

---

[1] Celles à Louis Schore des 31 décembre 1544 et 3 janvier 1545 (dossier de
Tournay).

[2] Leliepvre emporta en outre l'ordre d'arrêter à Condé Claude de Perceval.
Nous voyons par un passage d'une lettre de l'empereur au duc d'Arschot,
gouverneur du Hainaut, en date du 25 janvier 1545, que Perceval était alors
enfermé au château de Mons.

Charles-Quint ordonne de le faire interroger « plus estroitement » et de
presser la conclusion de l'affaire.

[3] Tisnacq à Louis Schore, 8 janvier 1545, dans le dossier de Tournay.

qui lui furent désignés par d'Estrées [1]. Nous n'avons aucune des pièces relevant de cette première phase des poursuites et nous passons de suite à la seconde phase qui commence le 20 janvier 1545.

§ 2.

Seconde phase.

Il importe de bien fixer ici le point où la procédure était parvenue. Les interrogatoires avaient eu lieu, à partir du 8 janvier, sous la direction de Tisnacq [2] et du protonotaire. Restait à parachever l'instruction et à procéder à la prononciation des sentences.

L'Empereur choisit pour cette besogne trois nouveaux commissaires spéciaux, savoir : Messire Loys de Gavre, seigneur de Frézin (près Waremme, province de Liége), Me Jehan Baert, conseiller et maître des requestes ordinaires au grand conseil de Malines, et Messire Philibert de Bruxelles, seigneur de Heysbroek et de Grand Reing, conseiller et avocat fiscal au même grand conseil. Il leur adjoignit deux jurisconsultes valenciennois, Me Pierre Leliepvre et Me Anthoine de Mazières, et leur donna à tous cinq, conjointement entre eux, les pouvoirs suivants : Nous les avons commis, dit l'Empereur, « pour cognoistre de ceux que » avons fait jà appréhender pour le fait desdites sectes et faire » appréhender tous aultres que, par les confessions d'iceulx

---

[1] Lettres de crédence délivrées à Tisnacq, le 23 décembre 1543, dans le dossier de Tournay.

[2] On voit dans le dossier de Tournay que Tisnacq ne séjourna à Valenciennes que juste le temps nécessaire pour la confrontation de Brully avec les sectaires qu'il s'agissait d'interroger. Nous ne trouvons nulle part d'indications qui nous autorisent à penser que le Prédicant fut mené nuitamment par les rues de Valenciennes, à l'effet de désigner les maisons où il avait tenu des assemblées.

A quoi cela eût-il servi puisque les arrestations étaient déjà faites ?

Vraisemblablement, Tisnacq retourna à Tournay pour réintégrer Brully dans le château de cette ville, puis se rendit à Bruxelles, qu'il ne quitta (avec Denis Van Sare) que vers le 20 janvier.

» appréhendez ou aultrement, deuement ilz trouveront notez et
» suspectez desdites sectes, et les interrogier sur les charges à
» eulx imposées, et sommyérement, sans figure de procès ne
» observer aucun train ou stil de procéder accoustumé, mais
» seullement les ayant oy en leurs deffences, si aucunes en ont,
» procéder à leur condempnation ou absolution, comme ilz trou-
» veront au cas appartenir, selon la teneur de nosdites lettres
» de placcars, lesquelles voulons estre estroitement obser-
» vées [1]. »

Le 20 janvier 1545, la nouvelle juridiction fut organisée au
moyen des trois pièces suivantes :

1° L'ordre adressé à MM^{es} Baert et Philibert de Bruxelles, qui
se trouvaient à leur poste à Malines, de se présenter d'abord
devant la Gouvernante, qui les munirait des pouvoirs nécessaires,
puis de passer outre vers Valenciennes, et là de « avec quelque
» autre bon personnaige (d'Estrées) et aultres commis de Sa
» Majesté (Leliepvre et Mazières) vaquer et entendre à l'instruc-
» tion des procès contre ceulx qui se trouveront infectez des
» nouvelles dampnables sectes, y ayant pullulé puis aucun temps
» plus que du passé. »

2° Une lettre de l'Empereur et Roi au magistrat de Valenciennes. Ce document débute par l'expression du mécontente-
ment impérial : « Aucuns bourgeois, y est-il dit, sont entachez
» de plusieurs erreurs et hérésyes contre nostre saincte foy
» chrestienne et les commandemens et constitutions de nostre
» mère saincte Esglise, *dont nous donnons merveille, n'ayant*
» *contentement que n'avez fait meilleur debvoir, endroit leur*
» *appréhention et pugnition.* »

Charles-Quint porte ensuite à la connaissance du magistrat
la quintuple commission délivrée au seigneur de Frézin, aux
conseillers de Malines, ainsi qu'aux jurisconsultes valenciennois, et lui enjoint de leur prêter assistance : « Dont, dit l'Empe-

---

[1] Lettre au magistrat, du 20 janvier 1545, ci-après citée; il existe de plus
aux Archives un mémorial contenant la substance des trois lettres ci-après
analysées. Nous le supprimons, pour abréger, aux pièces justificatives.

» reur, vous avons bien voulu adviser, vous ordonnant et enchar-
» geant très expressément et acertes que ayez à obéir auxdits
» commissaires ou les quatre d'iceulx, en tout ce qu'ilz vous
» commanderont de par nous, les faisant assister par vos officiers,
» serviteurs et sergeans, de sorte que ayons raison de contente-
» ment. »

Et à la fin les formules indiquant la défiance reparaissent,
empreintes d'une certaine amertume : « Et que puissiez effacer
» l'opinion que aurions contre vous, se y missiez difficulté, lon-
» geur ou simulation, car, en ce cas, nous ferions procéder contre
» vous comme négligens. »

3° Une lettre de l'Empereur au protonotaire d'Estrées. Cette
lettre nous paraît être de l'espèce de celles que l'on écrit à un
serviteur dont on a constaté l'insuffisance et que cependant on ne
veut pas mécontenter.

Charles-Quint remercie d'abord le prévôt des églises de Mons
et de Nivelles du bon devoir qu'il a fait en la ville de Valenciennes
« pour parvenir à la cognoissance [1] et recouvrement de ceux qui
» sont infectez des sectes y pullulans. » Il l'informe de la mission
confiée à Frézin, Baert et Bruxelles, et le requiert de leur prêter
« toute adresse et assistence. » En un mot, le protonotaire n'est
pas désintéressé de ce qui reste à faire. Seulement son rôle, de
principal, devient accessoire et subalterne [2].

A la fin de janvier 1545, vint devant les commissaires de
Valenciennes l'affaire du bailli de la damoiselle de Fresnes. Nous
devons dire quelques mots de cette affaire qui, heureusement,
n'eut pas un dénouement tragique.

Elle commença le 27 décembre 1544 devant les commissaires
de Tournay, chargés de l'instruction générale [3]. Ceux-ci se trouvèrent tout d'abord passablement embarrassés. « Il se trouve,
» écrivait Tisnacq le 30 décembre 1544, qu'il y a deux bailliz

---

[1] *Cognoissance* a ici le sens de découverte. Ordinairement, il a le sens de
compétence. Ainsi « avoir la cognoissance d'un procès, » c'est avoir la compétence nécessaire pour le juger.

[2] Pièces 2, 3 et 4 du dossier valenciennois.

[3] Tisnacq à Louis Schore, 30 décembre 1544 (dossier de Tournay).

» quant au faict de la damoiselle de Fresnes. » L'un des baillis suspectés était un nommé Maldonnat. Il appartenait au seigneur de Bréda qu'il avait suivi à Cologne, et il paraissait être mort en cette ville. L'autre appartenait bien à la damoiselle de Fresnes ou *à son mari*, et leur servait de maître d'hôtel. On était donc porté à supposer que c'était ce dernier qui, se trouvant à Tournay dans les premiers jours de ce mois de décembre, avait abordé un « soldoier » du château et lui avait adressé une question passablement ironique, à ce qu'il semble. Le propos incriminé était celui-ci : « Si ledit Me Pierre preschoit audit chasteau, et pourquoi » il ne pourroit dire la vérité, adjoustant qu'il y auroit dangier » pour ceulx de la ville au quartier de Straesbourg [1], en cas que » luy fust faict desplaisir, voire pour l'Empereur, si Sa Majesté » n'y alloit la plus forte. » Ce même bailli paraissait s'être trouvé à Douai en même temps que Brully. Quoi qu'il en soit, il n'était pas chargé par celui-ci et n'avait contre lui que le témoignage du soldat. L'affaire en resta là pour le moment.

Mais le bailli sentit bien qu'il n'était pas quitte. C'est pourquoi il se représenta volontairement quelque temps après devant les commissaires de Valenciennes, offrant de se purger de toutes charges. Il reconnut « avoir proféré les paroles en question, mais » non totalement. » Après son interrogatoire, les commissaires ne crurent pas devoir l'appréhender ni diriger contre lui de nouvelles poursuites, s'il ne s'élevait pas contre lui des charges « adminiculatives. » Ils le renvoyèrent donc devant Tisnacq, ce à quoi se soumit le bailli. Bien lui en prit. Après avoir fait le récolement de sa « confession, » et ouï encore une fois le soldat, le commissaire souverain se décida à élargir définitivement ledit officier, sur l'attestation du protonotaire d'Estrées qu'il « n'estoit » autrement suspecté de tenir aucune mauvaise secte [2]. »

Des affaires plus importantes réclamaient le temps et les soins

---

[1] C'est-à-dire que le Sénat de Strasbourg aurait pu faire arrêter les Tournaisiens qui se seraient aventurés en cette ville.

[2] Les commissaires de Tournay à Louis Schore, du 6 février 1545, dans le dossier de Tournay.

des commissaires de Valenciennes. Il s'agissait de vider les procès des quatre (ou six) personnes arrêtées.

Ces malheureux étaient :

Henry Rolland, caucheteur.

Jennette Basin, native de Binche en Hainaut, épouse d'Arnould Cuisenier, charpentier.

Amand Lignier, natif de Saint-Amand-les-Eaux.

Jehenne Dufour, veuve de Henry Delecourt, brasseresse du *Blanc-Lyon*.

Auxquels il convient d'ajouter d'une manière hypothétique, ou du moins sous certaines réserves :

Un escrinier (menuisier) dont le prénom (Charles) est seul connu, et un nommé Jean Cousin, beau-fils (gendre) de Marie Locrelle.

Les sentences sont rendues contre les quatre premiers susnommés par « les commis de l'Empereur sur le faict de l'extirpa-
» tion des dampnables et réprouvées sectes et entretènemens des
» placars de Sa Majesté en ce regard. » Les deux premières, prononcées contre Rolland et Jennette Basin, figurent dans l'un des registres des choses communes (Bibliothèque de Valenciennes), à la date du 14 février 1544, ancien style, (1545, nouveau style ou style grégorien). Il y a donc identité parfaite entre ces deux suppliciés et ceux dont parlent les commissaires, dans une lettre adressée par eux à la reine douairière de Hongrie, le même jour, 14 février [1]. « En avons, disent-ils, faict exécuter deux, assavoir:
» ung homme sur le marchiet par l'espée, et une femme hors la
» porte par la fosse, esquelles exécutions faire y avoit grande
» multitude de peuple, de tant plus qu'il estoit jour de marchiet,
» que avions advisé estre le plus commodieux pour donner
» exemple tant à ceulx de la ville que paysans, dont craindons
» bon nombre estre infectés. »

La « calenge [2] » d'Henri Rolland, (le décapité) porte simplement : « Qu'il est contrevenu directement auxdits placards, en

---

[1] No 7 du dossier de Valenciennes.
[2] Acte d'accusation.

» ayant hanté et fréquenté diverses prédications et conventicules
» secrètes et illicites et deffendues. »

Même libellé dans la sentence de Jennette Basin avec addition de
cette circonstance aggravante : « Meismement que aulcunes d'icelles
» prédications auroient esté faictes en sa maison et de son sçeu [1]. »

Nous devons insister sur le supplice de Jennette Basin, qui s'ac-
complit au lieu dit la *Caudière* (chaudière), hors la porte Turnisienne [2].

Si l'on s'en rapporte aux commissaires, tout se serait passé
paisiblement : « Advons trouvé, écrivent-ils dans cette lettre du
» 14 février 1545, une commune fort pacifique, tant à la publi-
» cation des sentences que en exécutant icelles. » Il parait cependant, d'après des écrivains valenciennois, que soixante ans à
peine séparaient de la date de ce supplice, que celui-ci fut particulièrement émouvant.

C'était toujours un supplice atroce que celui de « la fosse en
» terre, » souvenir de la Rome antique. Il était le plus souvent
réservé aux femmes. On comprend facilement que lorsque ces
infortunées, « plantées, enfouies en terre » disent les vieilles
chroniques, commençaient à sentir l'air leur manquer, elles se
soulevaient du fond de cet abominable tombeau. Elles se débat-
taient, luttaient contre le bourreau, autant que le leur permet-
taient leurs chaînes ou leurs liens. Dans le cas qui nous occupe,
Jennette opposa une résistance si désespérée, que le bourreau,
Me Petit-Jean [3], en ressentit une émotion profonde. C'est pour-

---

[1] D'après la pièce 9 du dossier de Valenciennes, Jennette Basin avait souffert deux prédications dans sa maison, gardant la porte et l'ouvrant à ceux
qui se présentaient : elle avouait de plus avoir offert à souper à Brully, ainsi
qu'à son compagnon Antoine (en deux fois).

[2] Cet endroit, qui indique l'existence d'une excavation, était probablement
situé au bas de la colline de l'écorchoir, non loin du canal actuel de l'Escaut.
M. Louise, dans son livre sur la sorcellerie et la justice criminelle à Valenciennes, le place à l'endroit où se trouve actuellement le fossé à joncs.

[3] Il s'appelait Jehan Lesaige, et eut pour fils et successeur Grard ou Gérard
Lesaige, qui procéda aux très-nombreuses exécutions qui suivirent le siége
de Valenciennes en 1567.

Les « Lesaige » étaient de père en fils les bourreaux de la ville.

quoi, à sa rentrée en ville, il déclara à Messieurs qu'il se démet-
trait de sa charge plutôt que de procéder encore une fois à
pareille exécution.

Le 20 février 1545, vint le tour d'Amand Lignier, « calengé
» d'avoir soustenu propolz contre la foy catholique, disant que le
» Saint-Sacrement de l'aultel n'estoit que pain et fleur, que Dieu
» n'y estoit, et qu'il avoit puissance de consacrer autant en ung
» pissepot que le prebstre en ung calice, avec aultres proposi-
» tions erronnées et réprouvées contre la foy et mère saincte
» Église. » Comme il ne persista point en ses erreurs, il fut condamné au supplice par l'épée et à la confiscation de ses biens.

Le 25 février 1545, la brasseresse du *Blanc-Lyon* (Lion blanc),
convaincue « d'avoir esté négligente et deffaillante de annon-
» chier à ceulx de la loy et justice de ceste ville les secrètes
» assemblées, conventicles et prédications faites en sa maison,
» dont elle ne pooit estre ygnorante, » est condamnée « de pryer
» merchy à Dieu, l'Empereur et à la justice, et d'estre mise sur
» un eschaffault avec escripture de la cause l'espace d'une heure,
» et (d'estre) bannie hors de cette ville et banlieuwe, à jamais,
» à peine du dernier supplice et par la fosse. »

La sentence porte en outre confiscation de la part et portion
de la condamnée dans la brasserie du *Blanc-Lyon*, et de la moitié
de ses autres biens [1].

Il nous reste à parler de deux condamnations rapportées dans

---

[1] On verra par la pièce 9 du dossier de Valenciennes que la « brasseresse »
avait reçu à souper Me Brully, avait mangé avec lui, et enfin lui avait donné
l'hospitalité pendant une nuit.

Nous devons faire observer que certains écrivains valenciennois, qui ont
déjà parlé de ces supplices, mais sans les rattacher comme nous à la mission
de Brully, ont commis des erreurs de dates. Ils les placent à tort en 1544,
tandis que ces supplices eurent lieu en 1545 (nouveau style), comme on le
voit par la lettre précitée des commissaires.

Nous avons même sous les yeux un ouvrage fort estimable, où le supplice
de Jennette Basin est placé en 1568, sur la foi du carme Jean de Sainte-Barbe,
alias Duchâteau, dont la chronique manuscrite repose à la bibliothèque de
Valenciennes. Nous avons pu nous convaincre que cet ouvrage fourmille
d'erreurs.

le journal manuscrit d'un bourgeois de Valenciennes, nommé Pierre de Navarre, lequel manuscrit porte la date de 1643 [1]. Suivant lui, un menuisier prénommé Charles (le nom est en blanc) aurait été condamné, pour avoir reçu Brully en sa maison, à être pendu et étranglé, puis brûlé, le tout sur le grand marché. « Mais ayant ouy sa sentence de mort, il respondit au magistrat » qu'il nioit son Dieu, profférant plusieurs blasphèmes. Sur quoy » en après, il fut condamné d'estre brullé vif. » — Quant à Jean Cousin, mulquinier, accusé également d'avoir donné asile à Brully, il aurait été condamné aux galères perpétuelles, « pour avoir » dissimulé à l'affaire avant dit. »

Nous avons dû, pour être complet, parler de ces condamnations [2]. Il est cependant impossible de ne pas se demander pour-

---

[1] L'exemplaire de ce journal, que nous croyons unique, appartient à notre concitoyen M. Louis Boca, ancien élève de l'école des chartes, archiviste du département de la Somme, qui a bien voulu nous le confier.

[2] Le journal de Pierre de Navarre n'est pas le seul document qui parle de Jean Cousin et de l'escrinier Charles. Il est aussi question de ceux-ci dans un manuscrit de la bibliothèque de Valenciennes, dont l'auteur est le procureur du couvent des carmes, Jean de Sainte-Barbe, alias Duchâteau, lequel a compilé les mémoires de deux bourgeois de la même ville, nommés Joachim Goyemans et Jean Laloux. Comme ces deux derniers vivaient au milieu du XVIe siècle et ont été témoins oculaires des faits, le témoignage de leur compilateur, si inexact qu'il soit parfois, ne peut être négligé.

Jean de Sainte-Barbe place la condamnation de Jean Cousin en 1545, et dit simplement « qu'on l'imposa d'estre luthérien pour avoir trouvé en sa maison » dedens un sorlé (soulier) des patrenottes en Franchois. » Il ajoute qu'après sa condamnation aux galères perpétuelles, « le maistre de la galère, ayant » entendu la cause de sa condempnation, le mit en crédit au lieu d'estre » esclave. » Remarquons au sujet de cet homme 1° que cette dernière assertion paraît bien aventurée, car on ne comprend pas comment le capitaine d'une galère impériale aurait pu faire à l'un de ses forçats un titre favorable de ses croyances luthériennes; 2° que Pierre de Navarre rattache bien plus directement la condamnation de Cousin à celle de Brully, lorsqu'il impute au premier « d'avoir dissimulé à l'affaire avant dit. »

Jean de Sainte-Barbe raconte, comme Pierre de Navarre, qui peut-être l'a copié, le supplice de l'escrinier Charles. Son récit est même plus complet et plus pittoresque, ainsi qu'on va en juger. « Et encore environ le même temps, » dit-il, (c'est-à-dire au temps du supplice de Jennette Bazin (ou Basin) dont

quoi elles ne figurent point, comme les précédentes, aux registres
des choses communes.

Mais il existe une septième condamnation, inscrite aux dits
registres, et qui se rattache, bien que d'une manière moins directe
que les précédentes, aux prédications de Brully. C'est celle du
nommé Anthoine ou Anthonin Saudruyt (ou Sandra), dit *Cardon*,
sayeteur, natif du Quesnoy, brûlé vif sur le marché de Valenciennes, en vertu d'une sentence des commis de l'Empereur [1],
datée du 7 juillet 1545.

Cet homme avait commencé par assister aux assemblées tenues
par Brully, puis s'était enfui avant l'arrivée des commissaires avec
les individus nommés au chapitre suivant. Il s'était alors retiré
avec la plupart des contumaces à Wesel, y avait fréquenté le
ministre dudit lieu, puis était rentré à Valenciennes. Mais durant
ce court exil, il s'était tellement fortifié dans sa croyance que devant
les commis de l'Empereur, il s'obstina « à dényer le Sainct Sacre
» ment de l'aultel, ensamble toutes les institutions de l'église
» catholicque. » Il subit dès lors le supplice réservé aux hérétiques obstinés (le feu et la confiscation de biens) ledit jour,
7 juillet, à 2 heures de l'après-midi [2].

» le récit précède immédiatement) ung nommé Charles, escrinier, pour la
» religion fut condempné *à estre estranglé et puis estre brulé* sur un eschaffau
» sur le marché; mais quand il eut ouyt sa sentence et qu'il falloit mourir, il
» commencha à prier merchy à son Dieu disant : *Mon Dieu! je te prie merchi*
» *que je t'ai reniez devant les hommes; c'estoit pour eschapper à la mort.*
» Ainsi commencha à confesser sa foy et qu'il mouroit pour le nom de son
» Dieu, *et fut recondempné d'estre brullé vif* sur le marché, et les spéculant
» (spectateurs) fut esmeu d'une telle constance qu'avoit ledit Charles à sa
» mort. L'on (le) voioit toujours criant : *Mon Dieu! ne me délaisse pas, je ne*
» *te laisseray point,* estant à la flamme du feu. »
Ce récit paraît plus exact que celui de Pierre de Navarre. Celui-ci dit que
Charles fut condamné d'abord à être pendu et étranglé, puis, vu son obstination, à être brûlé. Le carme dit qu'il fut d'abord condamné à être « estranglé
» puis brûlé » et en second lieu, comme pertinax, qu'il fut « recondempné
» d'estre bruslé vif. » C'est bien ainsi que les choses durent se passer. La
strangulation avant les flammes était un allégement relatif. Être brûlé vif
constituait au contraire un maximum de peine.

[1] Voir plus loin.

[2] On remarquera dans le précieux document ci-après rangé sous le n° 9 du

§ 3.

Condamnations par contumace.

Le 7 février 1545, les commissaires de Valenciennes écrivaient au président du conseil privé, Louis Schore, que les « principaux de cette perverse secte nouvelle » s'étaient rendus fugitifs avant leur arrivée, de telle sorte qu'ils n'avaient pu encore retrouver que les traces de deux d'entre eux; le premier, Étienne Mignon, âgé de 25 ans, ayant une barbe rousse, s'était réfugié à Bruxelles chez Adam Cardon, son beau-père, couvreur en tuiles (thieulles), demeurant près l'église de la Chapelle; le second, nommée Robert Denis, était à Anvers et résidait dans la Lombart-veste, chez un nommé Martin, auprès du logis de l'Ours.

Ils demandaient en outre au président de leur adresser le plus tôt possible « certain mandement pour faire adjourner les reffu- » giez par édict et procéder contre eulx par bannissement et » confiscation de leurs biens. » Le mandement, disaient-ils, leur avait été promis avant leur départ de Bruxelles. En même temps, ils posaient à Louis Schore la question suivante : les fugitifs de-vaient-ils être bannis de tous les pays de l'Empereur, ou bien « aultrement, » c'est-à-dire, suivant nous, seulement de la ville et de la banlieue [1]?

dossier de Valenciennes que Tisnacq, en sa note autographe, parle de trois autres prisonniers valenciennois : Jacques Souhier ou Sohier, dit Néro, Jehenne Gille, femme du précédent et Antoine Cordier. Nous ne retrou-vons pas ces noms parmi nos sentences. Peut-être ces individus furent-ils relâchés.

Il semblerait, d'après cette même note, que le « précurseur » de Brully, Antoine, qui l'accompagna à Valenciennes, fut originaire de cette ville. Sohier dit en effet qu'il a soupé à Valenciennes avec Me Pierre dans la maison de *Jérôme, frère d'Antoine,* et il ajoute que ce dernier a abandonné sa mère. Or, c'est un Valenciennois qui parle aussi de choses qui se sont passées dans sa ville.

Nous remarquons au premier rang des contumaces valenciennois un nommé *Hiérosme* Wallet, sayeteur, demeurant au Boudinet. C'est probablement l'in-dividu désigné par Sohier.

[1] No 6 du dossier de Valenciennes.

Ces fugitifs ne tardèrent pas à être ajournés par appeaux, c'est-à-dire par trois appels consécutifs faits à la tribune publique (bretesque) encastrée dans la façade de la maison de ville. Ils se gardèrent bien de se présenter, et en conséquence, furent condamnés par contumace au bannissement et à la confiscation de leurs biens. Voici, d'après le journal de Pierre de Navarre, les noms de ces contumaces, divisés en deux listes :

1° Hiérosme Wallet, sayeteur (fabricant de saye ou sayette, étoffe faite avec des déchets de laine), demeurant au Boudinet.

2° Arnould Cuisenier, carpentier, demeurant à la Cour Giraude (Giro). C'est le mari de Jennette Basin.

3° Audegon, vefve (veuve) Petit-Pain, demeurant hors la porte d'Ansaing.

4° Jacques Huet, sayeteur.

5° Robert Denis, escrinier (désigné dans la lettre du 7 février 1545).

6° Anthoine Pipelart, carpentier (charpentier), demeurant au Boudinet.

7° Estienne Mugnot, sayeteur (désigné dans la même lettre sous le nom de Mignon).

8° Jean Leclercq, sayeteur, et sa femme, demeurant en la rue des Gobeletz.

9° Nicolas Lureau, cordier, demeurant hors la porte Turnisienne.

10° Jacquet Dufour, foulon, demeurant au Petit Bruille.

11° Étienne Veruame, sayeteur, demeurant au Grand Bruille.

12° Nicais Cardon, pisneur (peigneur de laine), demeurant sur les viviers Notre-Dame.

13° Adrien Pays, artésien (arthésien), demeurant en la rue des Foulons.

14° Anthoine Leurelle, tellier (tisserand), demeurant hors la porte Cambrésienne.

15° Jean de Boullon, sayeteur, demeurant en la rue des Gobeletz.

AUTRE LISTE.

16° Damoiselle Marie de Famars, espouse d'Henry d'Ayméricourt.

17° Franchois du Bucquois, de son stil taincturier.

18° Gaspard Heuze, pisneur de sayette et Hermel, sa femme, natifs de Regnay (Renaix en Flandre).

19° Hermel Rose (ou Rousse), tisserand et Anne, sa femme.

20° Pauchot, beau-fils dudit Hermel et Barbe Rose sa femme, demeurant en la rue de le Sauch.

21° Cornille Rose, haultelisseur, et Joanne Leroy, sa femme.

22° Maroy Calette.

25° Franchoise Calette, sa seure.

24° Jean Van de Ten, dit de Len, et sa fille, nommé Josine (Joachime), âgée de dix-huit ans.

25° Christianne (Chrétien) Van den Houcqz, tapisseur, et sa femme.

26° Simonne Le Febvre, vefve.

27° Calotte Wallette, vefve de feu Antoine Sandrat, exécuté par le feu [1].

28° Nicolas Stalpt, orfèvre, Isabelle de la Derrière, sa femme et sa fille (le véritable nom est Stalpart. Il demeurait dans une maison de l'Orière rue ou entre deux mazeaux (boucheries), laquelle maison, par une bizarre coïncidence, était contiguë à celle de l'inquisiteur Pierre Leliepvre).

29° Jean Busse (ou Buf), broudeur (brodeur), et Catherine, sa femme.

30° Un nommé *Grand Fieux* [2], jadis Sergeant d'Azin (Anzin).

31° Un nommé Jennot, hostelier, et sa femme nommée Périne.

On voit par cette liste assez longue que les prédications de Brully n'avaient pas été sans écho [5].

[1] C'est la veuve d'Antoine ou Antonin Saudruyt, supplicié le 7 juillet 1545.

[2] Fieu, mot de patois rouchi synonyme de garçon. *Min fieu*, mon garçon, mon fils; *ch'est in bon fieu*, c'est un bon garçon.

[5] Voir la pièce 155bis de notre deuxième volume des troubles religieux de Valenciennes.

Les commissaires n'avaient plus rien à faire à Valenciennes. Ils retournèrent donc à Bruxelles pour rendre compte de vive voix à la Gouvernante de leur « besoigné. » Au surplus, les fonctions inquisitoriales n'avaient pas pour cela cessé d'exister. Depuis le 4 mars 1545 (1544 ancien style), une inquisition particulière et locale existait à Valenciennes. Pierre Leliepvre et Antoine De Mazières en étaient les titulaires [1].

---

[1] Nous avons retrouvé dans les archives départementales du Nord (qui posèdent les papiers de l'ancienne Chambre des comptes de Lille), l'état des confiscations exercées à l'encontre d'un certain nombre de ces contumaces. Le plus riche d'entre eux était Nicolas Stalpart, dont la maison de l'Orière-rue fut vendue 524 liv. tournois.

8

AFFAIRE DE DOUAI.

Les traces laissées par Brully à Douai sont presque nulles. La seule condamnation que l'on puisse rattacher à ses prédications serait celle d'un jeune homme de 22 ans, nommé Grardin Bacqueler, condamné par les échevins à être décapité pour crime d'hérésie « luthéraire ». Sa tête fut mise au bout d'une pique, qu'on planta sur la porte Notre-Dame.

Faisons observer que les doctrines réformées avaient été importées à Douai par Me Pierre (?), d'abord curé catholique, puis prédicant luthérien, dégradé et supplicié en cette ville en 1558 [1].

[1] Crespin, fol. 112 v°.

AFFAIRES DE LILLE.

Arrivé à Tournay, le 25 décembre 1544, Tisnacq ne put commencer à s'occuper des affaires de Lille que le 31 du même mois. Ce jour-là, il se mit en communication avec « *ceulx des justices* » de cette ville, à qui il adressa ses lettres de créance [1]. Il y joignit un extrait de l'interrogatoire de Brully, en ce qui concernait les adhérents lillois. A cette époque, l'homme contre lequel était dirigée toute l'attention de Tisnacq était le médecin Eustace ou Extasse Du Quesnoy, *dit Quercetanus* [2]. Le commissaire impérial comptait que celui-ci était assez connu pour que son arrestation fût facile et que, par lui, on arriverait à connaître toutes les ramifications lilloises [3].

---

[1] Les mots soulignés sont très-importants. Ils sont extraits d'une lettre de Tisnacq à la reine de Hongrie, du 8 janvier 1545 (pièce 7 du dossier de Tournay). Partout ailleurs Tisnacq dit « *ceux de Lille* » ce qui ne s'applique généralement qu'au magistrat. Nous pensons, au contraire, que Tisnacq s'adressa tout à la fois à la justice municipale de Lille (le magistrat) et à la justice féodale ou impériale (le tribunal de la Gouvernance). Nous avons pour cela deux raisons : d'abord sur la pièce n° 3 du dossier de Tournay (lettres de créance), nous voyons que, à Lille, ces lettres doivent être adressées : 1° aux rewart, mayeur et échevins; 2° au lieutenant de la Gouvernance; 3° au bailli; 4° au prévôt. En second lieu, comment pourrait-on sans cela expliquer la pièce n° 5 du dossier de Lille?

[2] Tous les lieux appelés le Quesnoy, tels que Quesnoy-le-Comte (arrondissement d'Avesnes), Quesnoy-sur-Deule, etc., désignent des localités où existèrent primitivement des bois de chênes (quercetum). C'est pourquoi les habitants de ces villes sont tous appelés quercetains (quercetani).

[3] Tisnacq à Louis Schore, 30 et 31 décembre 1544. Pièces 4 et 5 du dossier de Tournay.

Cet espoir fut trompé. M⁰ Eustace Duquesnoy s'était enfui dès
le 15 décembre. Par suite, l'officier compétent (le Prévôt) dut se
contenter de saisir et d'annoter ses biens, ce qui fit découvrir que
le médecin était « homme bien riche ». Les personnes qui, indé-
pendamment de Duquesnoy, paraissaient désignées tant par les
papiers trouvés sur Brully que par ses interrogatoires, étaient
maître Jhéromme du Mortier, Jehan Fremault, et un pauvre jour-
nalier nommé Jhérome de Cacan. Les mayeur et échevins les
firent jeter tous trois en prison ¹.

Disons de suite que Fremault n'y resta pas longtemps. Quelques-uns de ses amis le délivrèrent « par infraction violente faite
par dehors lesdites prisons ». L'un d'eux même paya cet acte d'audace de sa vie ²; les autres prirent la fuite avec Fremault.

Jérôme Dumortier se tira également d'affaire. La loy ne le
trouva suffisamment compromis ni par ses interrogatoires, ni par
l'enquête ouverte sur sa vie, sa conduite et ses « devises ». D'un
autre côté, il avait pour lui, « d'estre de vie notable et catholicque, yssu de gens vertueulx. » Tisnacq, consulté, ayant autorisé
le magistrat à agir à sa guise, celui-ci décida que Dumortier serait
élargi « soubz promesse de rethourner, quand il seroit mandé, à
péril de estre convaincu ».

Il n'en fut pas de même quant à Jérôme de Cacan. « Après plusieurs debvoirs faictz par le magistrat pour le atteindre plus
amplement, » le prévôt de la ville de Lille ³ le traduisit devant le
tribunal des rewart ⁴ et échevins, qui procédèrent contre lui « de

¹ Tisnacq à la reine de Hongrie, 8 janvier 1545, n° 7 du dossier de
Tournay.

² Il fut décapité (pièce 2 du dossier de Lille).

³ Le prévôt était un officier du prince qui, de même que le prévôt-le-Comte
à Valenciennes, avait « la calenge » ou poursuite des cas criminels, et tradui-
sait, comme on le voit dans le texte, les prévenus à la barre du magistrat ;
c'était lui aussi qui faisait les saisies et annotations de biens, comme on va le
voir à propos de Jérôme de Cacan.

⁴ Le rewart était le chef du magistrat, le représentant de la loy. Il était
chargé de la police municipale, gardait les clés des portes, présidait le tribunal
échevinal. Il était choisi par les échevins qui revêtaient toujours de cette
éminente fonction le premier échevin (mayeur) de l'année précédente.

tierch jour en tierch jour ». Seulement, comme le prévenu était pauvre, le prévôt ne procéda point à l'annotation de ses biens [1].

Ainsi, pour nous résumer, Jérôme Dumortier fut mis hors de cause ; Cacan fut retenu ; Eustache Du Quesnoy et Fremault restèrent contumaces et furent poursuivis comme tels. Jusqu'ici nous n'avons vu fonctionner que le tribunal échevinal et le prévôt comme « calengeur. »

Les rôles étant ainsi tracés et les situations fixées, Tisnacq jugea inutile de se rendre en personne à Lille [2].

Nous ne parlerons plus de Jérôme de Cacan. Les sentences rendues par le magistrat de Lille n'ayant été conservées qu'à partir de 1556, nous ne pouvons connaître le sort réservé à ce prévenu.

Du 8 janvier 1545 au 20 du même mois, nous rencontrons dans nos documents une lacune qui correspond parfaitement au *statu quo* maintenu pendant cette période à Tournay et à Valenciennes.

Mais à partir du 20 janvier, l'affaire reprend son cours à Lille comme dans les autres villes, et la raison de ce fait est évidente ; c'est que Tisnacq et Vander Sare, les directeurs de toutes les poursuites, rentrent à Tournay.

Désormais tout l'intérêt des procédures lilloises va se concentrer sur des questions de compétence et de confiscation. C'est pourquoi nous croyons devoir établir ici les principes qui, au moment où nous sommes parvenu, régissaient ces deux matières dans la ville qui nous occupe.

Les contestations sur leurs compétences respectives surgissaient sans cesse entre le magistrat de Lille et le gouverneur [3]. Pour y mettre fin, un concordat fut, après enquête, accordé par l'empe-

[1] Le magistrat de Lille à l'Empereur, du 25 janvier 1545 (pièce n° 2 du dossier de Lille)

[2] Tisnacq à la reine de Hongrie, 8 janvier 1545 (pièce 7 du dossier de Tournay).

[3] Le gouverneur des ville et châtellenie de Lille, le représentant le plus élevé de l'Empereur, était en 1544 Adrien de Croy, comte du Rœulx, chevalier de la Toison d'or ; son lieutenant était Antoine, seigneur de Beaulaincourt.

reur. « Ce traité, daté du 15 avril 1521, définissait aussi nette-
» ment que possible les attributions réservées aux deux juridic-
» tions. Ainsi la connaissance des crimes de lèse-majesté, des
» séditions, conspirations, trahisons, abus commis par les ser-
» gents, injures adressées à ceux-ci dans le cours de leurs fonc-
» tions, falsifications de monnaies, était donnée à la Gouvernance,
» sous l'obligation de demander aux prévôt, mayeur et échevins,
» l'assistance et l'obéissance que ceux-ci ne pouvaient lui refuser.
» Quant à la connaissance de tous autres crimes et délits que ceux
» spécifiés ci-dessus, elle fut laissée à la juridiction des échevins.
» Le 16 avril 1522, trois d'entre eux allèrent au siége de la Gou-
» vernance signifier cet accord aux officiers de Sa Majesté [1]. »

Jusque-là, qu'on veuille bien le remarquer, le privilége de non-
confiscation de biens, revendiqué au profit des bourgeois des ville
et châtellenie et défendu par le magistrat lillois avec infiniment de
suite, de constance et d'énergie, n'était nullement menacé [2]. Il restait toujours comme consacré par les lettres patentes du 24 mars
1477 (1476 ancien style), données par Marie de Bourgogne dans
des circonstances tout à fait décisives. Louis de Luxembourg,
comte de Saint-Pol et connétable de France, ayant été exécuté à
Paris en place de Grève, le 19 décembre 1475, comme coupable

---

[1] Jules Houdoy, le privilége de non-confiscation (chapitres de l'histoire de
Lille, p. 55).

Nous allons suivre pendant quelque temps les indications de cette très-
intéressante étude.

[2] Ce privilége était fondé à Lille, 1° sur cette formule succincte : « Nul ne
» puet fourfaire le sien avoecq le corps, » inscrite comme axiome au livre
Roisin (manuscrit 266 de la bibliothèque de Lille); 2° sur l'article X de la
Charte de 1340 (dite le traité des XVII articles) concédée à la ville de Lille
par Philippe de Valois : « Item que, selon l'usage ou la coustume dessus allé-
» gié, nuls, pour nul cas criminel ou autre, ne puet fourfaire le sien avoecq
» le corps ; posé encore que par désespérance il se noyast ou pendist, qui sont
» les plus énormes et vilains cas qui puissent estre, si ne doibvent estre ses
» biens confisqués au seigneur, mais remanent et doivent demourer à leurs
» fames et à leurs enfans ou à leurs drois hoirs, soyent les corps desdis mal-
» faiteurs justichiez ou non justichiez.
» (Houdoy, pp. 44 et 45). »

de lèse-majesté et de haute trahison, Charles-le-Téméraire [1] s'était
empressé de mettre la main sur les nombreux domaines que le
connétable possédait dans les Flandres; mais après la mort du
duc devant Nancy (5 janvier 1477), ceux desdits biens *qui étaient
situés dans la châtellenie de Lille* avaient été revendiqués par
Pierre de Luxembourg, comte de Brienne, et, en accordant par
les lettres patentes ci-dessus citées mainlevée de la saisie, *en ce
qui concernoit ces derniers biens*, l'héritière de Bourgogne avait
assuré la prédominance du privilége local sur le droit régalien.

Remarquons aussi qu'à l'époque où intervint le traité du
15 avril 1521, il n'était guère question du crime d'hérésie, celle-ci
étant encore fort peu répandue dans les Pays-Bas.

Les complications commencent avec le placard du 5 juillet 1525,
par lequel Charles-Quint édicte la peine de mort et de confiscation
contre les Luthériens. De là, nouvelle lutte entre le magistrat et
la Gouvernance. Nous avons déjà dit que pour soustraire les hérétiques à la juridiction ecclésiastique, le pouvoir central, par une
interprétation subtile, avait métamorphosé ceux-ci en contreve-
nants aux placards, en séditieux [2]. Or, justement, d'après la
transaction du 15 avril 1521, les cas de sédition commis à Lille
appartenaient à la Gouvernance. On voit dès lors quel parti la justice impériale pouvait tirer des armes mises à sa portée. Cependant le magistrat obtint gain de cause, sinon sur le point de
confiscation, du moins sur la compétence. En effet, par une première ordonnance [3], Marie de Hongrie lui concéda le jugement
des hérétiques, *mais sous la condition de se conformer au placard*

---

[1] C'était lui qui avait livré le connétable à Louis XI (24 novembre 1475)
afin de s'assurer de la neutralité de celui-ci dans ses démêlés avec René
d'Anjou.

[2] Voir notamment l'interprétation du conseil privé sur le mandement du
5 juillet 1527 : « Que les ordonnances ne punissent nulluy pour les opinions
» qu'il ait tenues, car icelle opinion ne concerne point les juges séculiers,
» mais pugnissent seullement les transgresseurs des fais y défendus et pro-
» hibés. »
(Houdoy, ibid., p. 115.)

[3] Houdoy, ibid., p. 57.

précité. Ce premier titre fut suivi d'un second encore plus explicite. Dans l'intervalle, l'Empereur, par des placards spéciaux
adressés à la Gouvernance de Lille, avait « commis la cognoissance
» et judicature de ceulx desdites ville et châtellenie infectés des-
» dites sectes à deux conseilliers du conseil ordonné en Flandre. »

Mais le 3 novembre 1525, Charles-Quint considérant « que de
» tout temps et par privilége et usage, les eschevins de Lille ont
» accoustumé de connoître en première instance de leurs bour-
» geois et manans sous leur juridiction de tous et quelconques
» cas, sans aulcuns en excepter, et puis naguères aient connu de
» cas d'hérésie, et qu'ils requièrent que Sa Majesté les fasse jouir
» de leur privilége et leur laisse la connoissance de tous les habi-
» tans et manans de leur juridiction infectés de la secte Luthé-
» rienne, leur consent et accorde la judicature de leursdits
» bourgeois et manans, *soubs condition qu'ils* (les échevins)
» *procéderont selon la forme et teneur des statutz et placcartz*
» *sans aucun changement, altération,* etc., [1]. »

Ainsi se trouve confirmée la distinction établie plus haut. Relativement à la compétence en matière d'hérésie, aucun doute
n'existe plus. Le magistrat en est investi, mais il doit juger conformément aux placards, qui édictent la confiscation d'une manière
générale et absolue. Donc le privilége de non-confiscation est en-
tamé, sinon encore en fait, du moins en principe et en droit.

Toutefois le magistrat ne s'abandonna pas et résolut de lutter
sur ce dernier point, car, s'il avait réclamé avec tant d'insistance
sur le point de compétence, ce n'avait été en définitive que pour
pouvoir résister à cette peine odieuse de la confiscation qui, à la
faveur des nouveaux édits, envahissait un terrain jusqu'alors
réservé. Ces édits ou placards, suivant lui, n'avaient été faits que
pour les provinces de par deçà où le privilége Lillois n'existait pas,
et il n'avait pas à s'incliner devant des prescriptions qui ne le concernaient point. L'occasion de lutter ne tarda pas à se présenter.
En 1540, un officier royal que nous allons rencontrer, Antoine

---

[1] Houdoy, *ibid.,* p. 58. Remarquons qu'en novembre 1525 l'Empereur était
en Espagne, et que l'ordonnance fut rendue en son nom par Marie de Hongrie.

de Beaulaincourt, lieutenant de la Gouvernance, ayant prononcé la confiscation des biens d'un supplicié (Jehan Fremeaux dit Vignette, de Mouveaux), sa veuve appela de cette sentence devant le conseil de Flandre. Le magistrat lillois prit fait et cause pour elle. Il envoya d'abord une députation à la Gouvernante qui était à Anvers, puis se joignit à l'appel, entraînant dans cette voie les nobles de la châtellenie, avertis par le fait du comte de Brienne. Le conseil de Flandre, par un arrêt du 8 janvier 1543, ordonna que l'exécution de la sentence rendue par Beaulaincourt serait tenue en état et surséance, jusqu'à ce qu'il en fût autrement ordonné.

A la suite de l'arrêt, et sur la demande du magistrat, le gouverneur ordonna une enquête sur l'étendue et l'existence même du privilége lillois. Ses deux délégués, Jean Eve et Philippe Hangouard, enregistrèrent les dépositions des nobles et des principaux bourgeois. Tous affirmèrent, de la façon la plus formelle, que la ville était en possession immémoriale de son privilége de non-confiscation pour tous cas et sans aucune exception.

Certes, c'était bien quelque chose que d'avoir tenu si longtemps en échec la lettre redoutable des placards. La confiscation était *suspendue* en fait, mais la question de principe n'était pas tranchée. L'arrêt du 8 janvier 1543 n'avait pas annulé la sentence rendue par Beaulaincourt; il en avait simplement *suspendu* les effets. En définitive, la sanction impériale manquait; un retour à nos pièces nous en fera voir la raison.

Le 20 janvier 1545, l'Empereur demande aux rewart, mayeur et échevins de Lille, ce qu'ils ont fait sur les lettres de Tisnacq. Les questions sont multiples : Charles-Quint veut savoir « par quelz intervalles de temps » ils procèdent contre les prisonniers, — quels sont les noms et prénoms des fugitifs, — quels sont les biens qu'ils ont fait annoter et saisir. Enfin, il leur enjoint de faire vendre les biens meubles des contumaces aux criées et au plus offrant [1].

---

[1] Pièce 1 du dossier lillois. L'Empereur maintient l'ordonnance du 3 novembre 1525, qui établit la compétence du magistrat en matière d'hérésie, mais en même temps nous pensons qu'il saisit la Gouvernance, de telle sorte

Le 25 janvier, le magistrat répond à l'Empereur. Nous ne reviendrons plus sur ce qui touche Dumortier et Cacan. Désormais les fugitifs et le sort de leurs biens doivent seuls nous occuper. Les échevins constatent donc « qu'à la poursieulte des femmes, parens et amis de Duquesnoy, et de Fremault, » le prévôt a donné mainlevée de sa saisie, moyennant caution fournie par les poursuivants pour assurer la remise des biens sous la main de justice, quand besoin serait. Lesdits poursuivants ont non-seulement présenté requête à fin de mainlevée, mais ils se sont opposés à la saisie. En conséquence le prévôt a introduit une demande écrite et formelle relativement aux biens de Fremault, et les parties sont en cause devant le magistrat, qui entend faire droit à bref délai, parties ouïes [1]. Le magistrat informe ensuite Charles-Quint qu'il lui envoie l'un de ses conseillers pensionnaires porteur de toutes les pièces de la procédure, et termine par des protestations de dévouement.

Le 5 février suivant, l'Empereur affirme ses droits fiscaux de la manière la plus claire et la plus décisive, par deux lettres écrites, la première au prévôt, la seconde à Antoine de Beaulaincourt.

Par la première, il blâme fortement le prévôt d'avoir, sous caution, donné mainlevée sur les biens de Fremault et de Duquesnoy. Cette mainlevée, dit-il, est chose notoirement contre nos placards, « pour autant qu'il concerne lesdits biens *que les femmes desdits fugitifs ne querellent* [2]. »

En conséquence, il enjoint à son officier de ressaisir les biens, de faire vendre les meubles au plus offrant, de faire recevoir les revenus des immeubles par personnes solvables. Si les parents et

---

que dans l'espèce la compétence du magistrat n'aurait même pas été exclusive, du moins au début.

[1] Pièce 2 du dossier de Lille.

[2] Nous avouons franchement que nous ne comprenons pas ce membre de phrase. Il semble vouloir dire que les femmes ne réclament pas les biens de leurs maris fugitifs, n'engagent pas de contestation au sujet desdits biens et cependant on vient de voir : 1° qu'elles avaient présenté requête à fin de mainlevée ; 2° qu'elles s'étaient opposées à la saisie ; 3° que la femme Fremault était en cause devant le magistrat vis-à-vis du prévôt.

amis des fugitifs forment opposition (il n'est plus question des femmes), l'Empereur veut être informé des oppositions, des noms et prénoms des opposants et savoir si l'opposition est faite au nom des parents ou amis et à celui des fugitifs eux-mêmes.

La dernière phrase ne peut laisser aucun doute sur les intentions de l'Empereur. Une saisie, un inventaire, une vente de meubles, une recette de revenus peuvent n'être que des actes conservatoires. Mais ici il s'agit bien d'une confiscation, car les gens des finances doivent recevoir l'état des biens [1].

La lettre à Beaulaincourt a pour but de le tenir au courant de la conduite du prévôt et des nouveaux ordres transmis à ce dernier. Le lieutenant du gouverneur doit veiller à ce que pareille erreur ne se reproduise plus [2].

Avant le document qu'il nous reste à analyser et qui nous paraît être d'une importance capitale, disons notre dernier mot sur Fremault et Duquesnoy.

D'une part, la Gouvernance ne connut ni de leurs personnes, ni de leurs biens, car on retrouverait les sentences dans les registres de cette juridiction, ce qui n'a pas lieu. Ce fut donc le magistrat qui resta compétent sur ces deux points. Les registres des sentences échevinales ne remontant pas au delà de 1556, nous ne pouvons que faire des conjectures sur la ligne de conduite tenue par la loy. Il est cependant bien probable qu'elle n'adjugea pas la confiscation pure et simple, mais qu'elle se servit des détours familiers à des hommes ou à des collectivités sans cesse obligés de louvoyer devant la force, de celui, par exemple, dont elle usa plus tard dans le procès d'un prédicant calviniste fort connu, Paul Mylet dit Chevalier, brûlé vif à Lille le 12 décembre 1564 [3]. Ce

[1] Pièce 3 du dossier de Lille.
[2] Pièce 4 du dossier de Lille.
[3] Par cette sentence, le magistrat prononça la peine de mort contre le prédicant calviniste, puis il se retira pour ne pas adjuger la confiscation. Le lieutenant du gouverneur, Baulde de Cuvillon, resté seul, prononça la confiscation des biens situés « ès lieux ou confiscation a lieu » ce qui sauvait le principe. Le gouverneur, ajoute J. Houdoy, avait dû céder, afin que le magistrat, par sa présence, rendît la condamnation (à mort) possible. (Ibid., p. 65.)

qui milite avec beaucoup de force en faveur de cette hypothèse, c'est que les sentences rendues contre Fremault et Duquesnoy ne furent point opposées au magistrat, lorsque s'engagea entre le duc d'Albe et lui ces contestations à propos du seigneur d'Escaubecque, dans lesquelles le privilége lillois s'éclipsa pour un instant. Si les échevins lillois se fussent écartés dans les procès de 1545 des principes tutélaires qu'ils ne perdaient jamais de vue, Fernando Alvarez de Tolède, qui était aussi madré qu'impitoyable, n'eût pas manqué de leur jeter à la face cet argument *ad hominem*.

Nous avons déjà émis cette hypothèse que toutes les justices de Lille avaient été saisies par Tisnacq, aussi bien la justice impériale que la justice échevinale. Cette hypothèse trouve sa confirmation dans un document fort important qu'il nous reste à analyser et à interpréter.

Le 19 avril 1545, la gouvernante des Pays-Bas écrit au seigneur de Beaulaincourt. Elle est informée, lui dit-elle, que plusieurs personnes se sont opposées aux procédures *qu'il a commencées* [1] contre les individus suspectés d'hérésie et fugitifs de Lille, et cela pour empêcher tant la spoliation des enfants que la déclaration de confiscation. Or, nul ne peut être admis à occuper pour un individu ajourné en personne.

D'un autre côté, le lieutenant du gouverneur n'a à envisager qu'un seul point de vue : « procéder selon la teneur des lettres patentes sur ce despeschiées [2]. » En conséquence Beaulaincourt est requis de continuer les procédures, de relever les défauts et d'adjuger la confiscation de biens. Les ajournés seuls, s'ils se présentent, ont capacité pour faire opposition. Si cette opposition est formée par d'autres individus, le lieutenant doit indiquer à la reine de Hongrie leurs noms, prénoms et causes d'opposition. Celle-ci alors décernera contre eux, comme fauteurs d'hérétiques, telle provision que de droit [3].

. [1] Ces procédures avaient dû être commencées en janvier 1545. Donc, la Gouvernance avait été saisie par Tisnacq en même temps que le magistrat.

[2] Ou en d'autres termes : conformément aux placards.

[3] Pièce 5 du dossier de Lille.

Quelles sont les conséquences et l'étendue de ce mandement?
Ne comporte-t-il aucune distinction? S'applique-t-il à tous les
fugitifs, bourgeois ou non? Cela est difficile à dire, vu l'absence
de documents précis. M. Houdoy explique bien [1] que les bourgeois
seuls, c'est-à-dire ceux qui avaient été régulièrement inscrits sur
les livres de la bourgeoisie, pouvaient invoquer la justice échevinale, tandis que la justice féodale et seigneuriale restait compé-
tente pour tous crimes et délits commis dans les limites de la
châtellenie par des individus non investis régulièrement des priviléges de la bourgeoisie. Mais, remarquons-le, le mandement du
19 avril 1545 reste muet à l'égard de cette distinction.

Cependant, nous pensons que la revendication qu'il exprime
resta à l'état platonique, et que, dans les procès postérieurs de
l'an 1545, le magistrat continua non-seulement à exclure et à
supplanter la Gouvernance au point de vue de la compétence,
mais encore à refuser la confiscation. En effet, nous savons que
dans le cours de cette année, six personnes furent suppliciées
pour fait d'hérésie ou de contravention aux placards (pour la justice laïque, c'était tout un) à savoir :

Rémy Carpentier et Jehenne Waghcman, sa femme (3 mars).
Jehan Lauwain.
Jerosme de Carvint.
Crespin Gaudin.
Et Jehan de la Herre [2] (17 décembre).

Or, comment connaissons-nous ces condamnations et ces supplices? Par les comptes de la ville de Lille, qui relatent les frais
occasionnés par les procès. Donc, à priori, on peut conjecturer
que les sentences furent prononcées par le magistrat. Mais il y a
plus et quelques indications de ces comptes ne peuvent laisser
subsister aucun doute à ce sujet [3].

[1] Chapitres de l'Histoire de Lille—le livre Roisin—les libertés communales
sous la domination française.

[2] Conf. Charles Frossart. L'église sous la croix.

[3] A Pouthus Dubos, clerc de la ville, 9 livres (à raison de 60 sous par jour
pour 3 jours), pour avoir été consulter par ordonnance des échevins, les com-

D'un autre côté, la confiscation ne put faire partie des peines prononcées, car ce précédent eût été ultérieurement opposé au magistrat.

Mais il est fort possible et même probable que dès l'année suivante (1546) les choses se passèrent différemment. En effet, nous rencontrons dans les archives de Bruxelles deux documents de la plus haute valeur qui semblent l'indiquer. Le premier est une requête adressée en novembre 1545 à la reine Marie de Hongrie par les loix (magistrats) des villes de Lille, Douay et Orchies et par les quatre hauts justiciers de la châtellenie de Lille ; le second est l'avis du grand conseil de Malines sur cette requête, du 5 mars 1546.

Dans la première de ces pièces [1], les requérants rappellent d'abord l'arrêt du conseil de Flandre, en date du 8 janvier 1543, puis l'ordre donné à Antoine de Beaulaincourt le 19 avril 1545. Le procureur de la ville de Lille, disent les requérants, a fait opposition à l'exécution de cet ordre. De son côté le procureur fiscal a contredit ladite opposition et soutenu que les opposants ne devaient pas être ouis en justice. Le différend a été retenu « en advis. » Alors ceux de Lille ont présenté requête tendant à la confirmation de leurs priviléges, coutumes et franchises, ou du moins à leur admission en justice.

missaires ordonnés par l'Empereur en la ville de Tournay, touchant les Luthériens.

Au même—15 livres (pour 5 jours), pour avoir été *par ladite charge* consulter en la ville d'Arras touchant le procès des époux Carpentier.

A chaque conseiller d'Arras (du conseil d'Artois) pour consultation, un écu d'or de 74 sous, soit 151. 6 s.

Dépenses de bouche des *eschevins*, le 5 mars, pour vider le procès des dits époux. (Ils avaient été empêchés jusqu'à une heure de l'après-midi.)

Visitation des procès de Lauwain, Jérome de Carvint et Crespin Gaudin — 4 florins à Walleran Gilles, Kaulder Muyssart, Regnault le Guillebert et Maximilien de Hennin, licenciés ès loix ; 2 florins à Muyssart et à Guillebert pour avoir baillé leur avis sur le placard de l'Empereur contre les fugitifs suspectés de ladite secte, afin de les ajourner. Total : 6 florins ou douze livres.

Dépenses de bouche des échevins le 17 décembre, pour vider le procès de Jehan de la Herre 51 l. 17 s.

[1] Pièces 6 et 7 du dossier lillois.

Sur quoi, la Gouvernante leur a donné l'ordre d'exhiber lesdits
priviléges, ce qui a été effectué.

Les choses étant en cet état, les suppliants, nobles, manans et
autres qu'il appartiendra, présentent à Marie de Hongrie itérative
requête tendant à être maintenus « esd. priviléges, coustumes et
» franchises, comme ilz ont esté de temps immémorial jusques à
» présent, en confermant iceulx pour tous cas de nouvel. » Subsi-
diairement ils demandent « à estre oyz en justice sommièrement,
» en suspendant toute exécution jusques à la décision de ladite
» cause d'appel, en laquelle ilz offrent procéder sommièrement et
» à briefz jours. »

Cette requête fut soumise par la Reine au grand conseil de
Malines, par dépêche du 12 novembre 1545. Le 3 mars suivant,
ce corps souverain de magistrature donna un avis défavorable aux
libertés lilloises. Il ne se mit cependant pas en grand frais d'arguments et se borna à dire : 1° que l'Empereur, en édictant le dernier
placard du 17 décembre 1544, avait usé de « sa puissance plainière et absolue, » qui lui permettait d'abolir tous les priviléges
non fondés soit sur une concession du prince, soit sur tout autre
acte exprès. Or, le privilége lillois de non-confiscation n'était fondé
que « sur la seulle et nue usance. » 2° que les suppliants ne devaient pas être admis en justice, parce que vraisemblablement ils
seraient hors d'état de rien ajouter à leur production.

En conséquence, dit le conseil, Votre Majesté pourra faire
« annoter, saisir et mettre en ses mains les biens des délinquans. »
Enfin, il ajoute un correctif qui lui fait honneur. Si Votre Majesté,
dit-il, veut modérer la rigueur du dernier placart en ce qui concerne les sectaires qui renoncent à leurs erreurs, ou si elle veut
établir une procédure fixe contre les fugitifs, elle fera certes une
œuvre convenable. »

Nous n'avons pas trouvé la lettre par laquelle la reine Marie
dut communiquer cette consultation aux auteurs de la requête,
mais, étant données les tendances de son gouvernement, nous ne
faisons aucun doute qu'elle ne se soit approprié les arguments du
conseil souverain des Pays-Bas.

AFFAIRES D'ARRAS.

Le 30 décembre 1544, Tisnacq écrivait au président du conseil privé, Louis Schore : « Je ne fauldray d'escripre incontinent à » ceulx d'Arras (le magistrat) quant au faict des adhérents d'illecq, » et ne faiz doubte que Jean Crespin ne soit illec assez cogneu , » et que, par le moyen de luy, aultres se pourront illec descou- » vrir plus avant [1]. »

Le lendemain 31 décembre au matin, il expédiait au gouver- neur de cette ville les lettres de créance dont il était porteur tant à l'adresse de celui-ci qu'à celle du magistrat. Il joignit à ces lettres un extrait de l'interrogatoire de Brully, en ce qui concer- nait les complices que le prédicant pouvait avoir dans la capitale de l'Artois. Il tirait enfin le même pronostic de l'arrestation pro- bable de Crespin [2].

Le 3 janvier 1545, il n'avait pas encore reçu de réponse à cette première communication. Son attention était toujours fixée sur le célèbre avocat artésien : « Dieu veuille permectre que sa per- » sonne n'eschappe, » écrivait-il ledit jour à Louis Schore [3].

Ce retard, qui surprenait Tisnacq, provenait du gouverneur d'Arras. Celui-ci avait éprouvé quelque scrupule à remettre au magistrat la lettre de Tisnacq, parce que les personnes suspectées avaient des liens de parenté avec quelques-uns des échevins et jurés. En conséquence, il envoya au commissaire impérial un homme de confiance pour requérir un nouvel avis et remit sa

---

[1] Pièce n° 4 du dossier de Tournay.
[2] Pièce 5 du dossier de Tournay.
[3] Pièce 6 du dossier de Tournay.

décision jusqu'au retour du messager. Ce dernier [1] assista à un interrogatoire de Brully, dans lequel le prédicant confirma les indications qu'il avait déjà données ou qui avaient été trouvées dans ses papiers touchant les adhérents artésiens [2].

Le gouverneur fut autorisé à faire au mayeur et aux échevins la remise de la susdite lettre, et le 10 janvier 1545, nous les voyons commencer à fonctionner.

Les personnes qui étaient entrées en communication avec Brully, lorsque celui-ci était venu à Arras, étaient des hommes de loi, dont deux sont restés célèbres, à savoir Jean Crespin et François Bauduin. Les deux autres s'appelaient Me Henri Lemosnier ou Lemonnier et Me Loys Marchant.

Dans la nuit du samedi 10 janvier au dimanche 11, les sergents de la loi se transportèrent aux domiciles de Crespin, de Bauduin et de Lemosnier. Ils constatèrent que ces derniers n'étaient pas en leurs logis et ne tardèrent pas à apprendre que, suivant l'expression consacrée, ils s'étaient absentés.

Le dimanche 11, quelques-uns des échevins, assistés cette fois de leur procureur et de leur greffier, firent une perquisition dans les mêmes maisons, à l'effet d'y découvrir « aucuns papiers, » livres ou autres choses concernant hérésie [3]. Nous ne voyons consignés nulle part les résultats de ces recherches, ce qui semble indiquer qu'elles restèrent infructueuses. Des gardes furent laissés au logis des fugitifs.

Le mayeur et les échevins devaient se croire bien et valablement saisis du procès qui allait être suivi contre les quatre jurisconsultes. Leur erreur fut de courte durée.

Très-probablement, le messager envoyé à Charles de Tisnacq n'était autre que le procureur de la Gouvernance, Robert Pal-

---

[1] Très-probablement Robert Pallette, de qui il va être parlé.

[2] Pièce 7 du même dossier.

[3] La requête, où nous trouvons cet exposé de faits, se sert de ces expressions : « inventorié tous leurs biens, pour savoir si entre iceux ilz trouve- » roient aucuns papiers, etc. » Ainsi le magistrat recherchait simplement les pièces compromettantes, et il ne peut s'agir d'un inventaire ou annotation après saisie, puisque le magistrat répugnait à la confiscation.

9

lette [1]. Sans doute aussi les soupçons de connivence, suggérés par le gouverneur, furent accueillis complaisamment par Tisnacq, qui aussitôt chargea par écrit Mᵉ Pallette de prendre les affaires d'Arras en main et de faire le procès aux absentés.

En effet, au lendemain des premiers agissements du magistrat, nous voyons le procureur impérial entrer en scène et absorber toute l'autorité et tous les pouvoirs. Il requiert l'assistance de Jehan de Longueval, seigneur de Vaulx, bailli d'Arras, Avesnes et Aubigny, suppléant le gouverneur absent, comme aussi celle de Jehan Bosquillon, lieutenant particulier de la Gouvernance (sic) et de Mᵉ Antoine Deroza, avocat. Pour ne pas écarter complètement la loi, il appelle l'échevin Jehan Docquemaisnil, et lorsque toutes ces personnes sont réunies, il se rend avec elles dans les maisons suspectes et fait reprendre les perquisitions avec le plus grand soin [2]. Comme les fugitifs n'ont eu garde de rentrer chez eux, il commet les sergents de la Gouvernance pour garder les maisons et les meubles qui les garnissent [3].

Les échevins se préparent à la résistance et font rédiger pour leur propre usage l'inventaire des biens des prévenus [4]. Précaution inutile! le 17 janvier, Pallette leur déclare et intime de la façon la plus formelle qu'il a reçu de nouvelles lettres de Tisnacq, par lesquelles lui est donnée itérative charge et ordonnance « de prendre, saisir, arrester et empeschier les biens immeubles, » rentes et héritaiges qu'il trouvera appartenans aux dessus dicts,

---

[1] Ce qui nous le fait penser, ce sont ces mots tirés de la lettre du magistrat à la Reine douairière de Hongrie, le 17 janvier 1545 (pièce 2 du dossier d'Arras) : « Robert Pallette, soy-disant avoir charge *tant de bouche que par* » *lettres missives de Charles de Thisnacq*, etc. » Pallette était donc allé trouver Tisnacq.

Dans ces pièces d'archives, toujours incomplètes, chaque mot doit être pesé et il faut sans cesse procéder par induction.

[2] « Ait faict extrèmes debvoirs et inquisition pour recouvrer les per- » sonnes, etc. (Pièce 1 du dossier d'Arras)

[3] Le magistrat à Charles de Tisnacq, 17 janvier 1545. (Nº 1 du dossier de Tournay.)

[4] « Desquels depuis et incontinent avons faict tenir inventaire particulier. » (Même lettre.)

» soit qu'ilz (les biens) soient scitués ès mectes de ceste d^{te} ville
» (d'Arras), loy, banlieue, eschevinaige ou ailleurs. » Le procureur ajoute en tant que de besoin que lui seul est commis pour
informer contre les bourgeois « nottez des sectes luthériennes
» et hérésies [1]. »

Dès lors la guerre est déclarée, et nous allons voir le magistrat
d'Arras défendre ses priviléges, avec cette froide obstination que
nous sommes habitué à rencontrer en pareil cas chez les prévôts,
mayeurs et échevins des bonnes villes [2].

Le 17 janvier, il s'adresse tout à la fois à Tisnacq, à la Reine de
Hongrie, à l'Empereur. Il écrit aux deux premiers; il adresse une
requête au troisième.

Comme à Lille, ses prétentions portent sur deux points :

La compétence;

Le privilége de non-confiscation.

Sur le premier point, les suppliants exposent que les mayeur et
échevins de la ville d'Arras ont la connaissance, coercition (cohertion) et judicature de tous cas criminels commis par leurs bourgeois, même en matière de crime de lèse-majesté et d'hérésie, et
ce « sur la plainte, semonce et conjure » du gouverneur ou de
son lieutenant.

Cette compétence est fondée sur les anciens priviléges de la
ville, jurés et confirmés par Sa Majesté Impériale et par ses prédécesseurs, comtes et comtesses d'Artois. Bien plus, Charles-
Quint lui-même, par un édit particulier, daté du 21 mai 1535, a
confirmé le droit exclusif de judicature du magistrat en matière
de contravention aux placards.

---

[1] 4e paragraphe de la lettre du magistrat à la Gouvernante, du 17 janvier 1545.

[2] Les pièces à consulter sont :

1° La lettre du magistrat à Tisnacq, 17 janvier 1545. (N° 1 du dossier
d'Arras.)

2° La lettre du même à la Reine de Hongrie, même date. (N° 2 du même
dossier.)

3° La requête du magistrat à l'Empereur. (Pièce 3.)

4° L'annexe à cette requête. (Pièce 4.)

Nous résumons succinctement ces pièces.

Depuis ce temps, aucune difficulté ne s'est élevée. Le gouverneur n'a eu pour sa part que la semonce ou conjure des cas criminels, c'est-à-dire le droit de dénonciation et de poursuite. Quant à celui de juger, il a été exercé sans interruption comme sans conteste par le mayeur et les échevins, sous le ressort et réformation d'appel de MM. le Président et gens de Sa Majesté au conseil d'Artois.

Sur le second point, le privilége de non-confiscation remonte au duc Eudes de Bourgogne et à sa femme, Jeanne de France, comtesse d'Artois du chef de sa mère[1]. Il fut alors concédé, afin que la ville d'Arras « fuist plus peuplée et habitée de gens. » Il s'étendit à tous les biens des bourgeois de la ville, où que ces biens fussent situés, pourvu, bien entendu, qu'ils eussent leur assiette sous la puissance, seigneurie et domaine de ladite dame, comme comtesse d'Artois. Seulement, une distinction fut posée entre les bourgeois ou bourgeoises, chefs de famille, et leurs enfants placés sous leur gouvernement et puissance. Ce privilége de non-confiscation ne militait au profit des premiers qu'autant qu'ils avaient leur domicile « sans fraude, ès termes et mettes de » de ladite loy, » tandis qu'il protégeait les seconds, quelque part qu'ils demeurassent.

Forts de ce privilége, jamais les mayeur et échevins n'avaient adjugé la confiscation dans les sentences prononcées par eux contre leurs bourgeois, condamnés au dernier supplice pour crime de lèse-majesté et d'hérésie, et toujours ces sentences avaient été confirmées par le conseil provincial d'Artois, tant sous le rapport de la compétence que sous celui de la non-confiscation.

Tels étaient les arguments et les principes que le magistrat chercha à faire prévaloir auprès de Tisnacq, d'abord, et ensuite

---

[1] Eudes de Bourgogne avait épousé, en 1318, Jeanne de France, fille de Philippe le Long et de Jeanne d'Artois; celle-ci était fille d'Othon, comte de Bourgogne, et de Mahaut, comtesse d'Artois.

Jeanne de France hérita du comté d'Artois en 1330, et mourut en 1347.

Le privilége de non-confiscation de la ville d'Arras remontait donc à l'une des années placées entre ces deux dates.

auprès de l'Empereur et de sa sœur par l'organe d'Adrien Vignon, son procureur général.

A Tisnacq, qu'il devait visiter en premier lieu, Vignon avait charge d'exposer :

1° Que les procédures entamées par Pallette, tant contre les personnes que contre les biens des fugitifs d'Arras, excitaient « la très grande plaincte, grief et dolléance des bourgeois. »

2° Que si on maintenait le magistrat dans sa compétence, celui-ci s'offrait à faire, sans faute ni dissimulation, tous bons devoirs de justice, suivant l'exigence des cas d'hérésie ou autres dont pourraient être notés lesdits bourgeois.

En conséquence, le commissaire impérial était prié d'envoyer aux mayeur et échevins les copies des inquisitions, procédures, confessions, informations, charges, indices et suspicions s'élevant contre les quatre avocats sus-dénommés ou tous autres.

Enfin (et ceci nous gâte un peu l'attitude du magistrat) il finissait par s'expliquer sur les causes de son exclusion en termes un peu trop humbles. Suivant Pallette, disait-il, nous sommes dépossédés parce que l'Empereur se défie de quelques-uns de ceux qui sont dans le secret des affaires de notre échevinage. Vignon vous donnera le nom de ceux que nous estimons être dans ce cas, et si, parmi eux, il en est qui vous soient suspects, indiquez-les, et nous nous conduirons de telle façon que le secret sera gardé à leur égard aussi longtemps que le commanderont les intérêts de la justice.

A la Reine de Hongrie, Vignon devait simplement demander la confirmation du magistrat dans ses antiques priviléges, moyennant quoi celui-ci promettait de s'acquitter de ses fonctions judiciaires, de telle façon que l'Empereur et la Reine en éprouvassent une complète satisfaction.

Cette conduite, nous le répétons, n'était ni prudente ni habile. Acquiescer d'avance à l'exclusion de quelques-uns de ses membres, aller même jusqu'à la proposer, promettre des sentences qui seraient presque des services, ce n'était pas pour la loi d'Arras le meilleur ni le plus sûr moyen de défendre ses droits. Nous allons en avoir la preuve.

L'Empereur résolut la question sur tous les points d'une manière absolument contraire aux désirs exprimés par le magistrat. Voici sur quels principes s'appuie la réponse :

Et d'abord, en ce qui concerne la compétence, tous pouvoirs et toute autorité remontent à l'Empereur, parce qu'il ne s'agit pas, à proprement parler, d'hérésie, mais de transgression des édits et placards publiés « au reboutement des sectes réprouvées [1]. » Cette autorité, l'Empereur peut la déléguer en partie à qui il lui plaît, sans que les juges ordinaires puissent élever de prétentions, qui ne tendraient à rien moins « qu'à la séclusion » du souverain. Celui-ci a pu commettre le magistrat d'Arras par son édit du 21 mai 1535 ; il peut aussi bien le déposséder aujourd'hui de droits dérivant de son bon plaisir, pour en revêtir d'autres dépositaires de son autorité. Comme on le voit, c'est l'application de la théorie moderne du mandat, toujours et essentiellement révocable.

En ce qui concerne la confiscation, c'est sans droit ni fondement que le magistrat prétend en exempter ses bourgeois, puisque cette commission de 1535, qu'il invoque, lui enjoint d'observer la lettre des placards et établit explicitement que les confiscations qui adviendront tourneront au profit du souverain.

Les principes ainsi établis, l'Empereur en tire les conséquences pratiques :

La première, c'est que Pallette continuera les procédures commencées contre les jurisconsultes fugitifs, et que, s'ils persistent dans leur contumace, il les condamnera au bannissement et à la confiscation de biens suivant les placards.

La seconde, c'est que si, de par le vouloir et l'intention spéciale de l'Empereur, la commission de 1535 cesse de produire ses effets en ce qui concerne Lemonnier, Crespin, Bauduin et Marchant, elle les conserve relativement à tous autres bourgeois infectés de la secte, pourvu que l'Empereur n'ait pas déjà renvoyé ceux-ci devant une autre juridiction. Toutefois, ce maintien de l'édit de 1535 implique que le magistrat, se conformant tout à la

---

[1] C'est la théorie qui a déjà été exposée à propos des affaires de Lille.

fois à la lettre de sa commission particulière et à celle des ordonnances générales sur la matière, prononcera désormais la peine de
confiscation.

Aussi est-ce sans surprise que l'on voit Charles-Quint terminer
sa réponse au magistrat, non-seulement en lui recommandant la
vigilance à l'égard des individus suspects d'hérésie, mais en la lui
prescrivant sur le ton de la menace : « Et qu'il n'y ait faulte, lui
» écrit-il, car aultrement nous conviendra faire procéder contre
» vous pour vostre négligence [1]. »

Le mayeur et les échevins une fois écartés en ce qui concerne
les procès *entamés* [2], l'Empereur établit la compétence du gouverneur et du conseil d'Artois relativement auxdits procès.

Au fond, les pouvoirs donnés sont identiques.

A première vue, le gouverneur (ou son lieutenant) ne semble
chargé que d'une seule chose : *continuer* les procédures com-
mencées par lui. Si les prévenus ne se présentent pas, le bannissement et la confiscation seront prononcés contre eux. Leurs
complices et adhérents doivent être appréhendés et jugés sommairement « sans figure de procès ne observer aucun train ou
» stil de procéder accoustumé. » Ainsi, si l'on prenait cette instruction du 17 janvier 1545 au pied de la lettre, il ne s'agirait que de
l'affaire Lemonnier, Crespin, Bauduin, Marchant et consorts;
mais on verra plus loin que cette interprétation restrictive ne
soutient pas l'examen, et que Charles-Quint a entendu confier au
gouverneur des pouvoirs beaucoup plus étendus. Dans la lettre
au conseil d'Artois, il n'est pas seulement question des quatre
hommes de loi et de leurs complices, mais en général « de ceulx
» qui peuvent estre infectez desdites sectes, ensemble ou aultre-
» ment notez et suspectez d'icelles. » Là encore la procédure
doit être sommaire.

En définitive, disons que le magistrat ne pourra plus agir, lorsqu'une autre autorité déléguée par l'Empereur (et celui-ci peut
multiplier à l'infini ses délégations) aura pris l'initiative.

---

[1] L'Empereur au magistrat d'Arras, 17 janvier 1545, n° 5 du dossier
d'Arras.

[2] Deux autres lettres du même jour, n°s 6 et 7 du dossier d'Arras.

Dans ces conditions, que reste-t-il des priviléges d'Arras, alors surtout que les mayeur et échevins ne peuvent conserver de juridiction en matière d'hérésie que sous le bon plaisir de l'Empereur et à condition d'adjuger la confiscation?

Ce qu'il nous reste à dire est peu de chose ou plutôt n'est que la conséquence de ce qui précède.

Le 6 février 1545, l'Empereur informe le magistrat qu'il a chargé son procureur près la Gouvernance [1] de procéder « *contre* » *ceulx qui sont infectez ou suspectez d'hérésie, soient bour-* » *geois ou aultres manans et habitants de la ville d'Arras ou là* » *entour* [2]. »

En conséquence, il lui enjoint de remettre à Pallette toutes les informations qu'il peut avoir contre les individus susdits [3].

Le 4 mars, vient l'apostille sur la requête du magistrat. La doctrine impériale sur la compétence de celui-ci et le privilége de non-confiscation y est développée. Nous n'y reviendrons que pour faire remarquer cette déclaration : que rien n'empêche le magistrat de procéder contre les individus qui n'ont pas été ajournés par le procureur de la Gouvernance [4].

Le 5 mars, la Gouvernante des Pays-Bas, Marie de Hongrie, porte l'apostille à la connaissance de Jehan de Longueval. Dans cette pièce encore, l'on voit combien ont été étendus les pouvoirs de Pallette. Marie de Hongrie énonce que la commission de celui-ci lui donne le droit de procéder contre « aucuns bourgeois fugitifs *et autres.* » Cette opposition de termes indique que la juridiction du procureur s'étend même aux prisonniers. Nous sommes loin maintenant de la restriction aux procès de Laumosnier, Crespin, Bauduin et Marchant.

---

[1] De ces mots, il faut sans doute conclure : ou que les fonctions de lieutenant du gouverneur et de procureur impérial de la Gouvernance se confondaient, ou du moins qu'elles étaient toutes deux remplies par Robert Pallette à l'époque dont il s'agit.

[2] On voit par là que Pallette n'est pas seulement commis pour les procès de Lemonnier et consorts.

[3] Pièce 8 du dossier d'Arras.

[4] Pièce 9 du dossier d'Arras.

Remarquons encore que la Gouvernante recommande à Longueval de prendre « bon advis », quand il procède contre les hérétiques [1]. Comme il doit agir ainsi pour donner satisfaction aux membres de la loy, on pourrait croire que c'est de ces derniers que viendra l'avis en question, mais il n'en est rien. Une note, mise au bas de la pièce 9, nous apprend que pour rendre plus sûrement bonne et droiturière justice, Longueval doit consulter « des gens de bien et non suspectz. »

Pallette triomphait donc sur toute la ligne. Aussi est-il nécessaire d'analyser en détail les instructions particulières qu'il reçut et qui nous apprennent des faits nouveaux [2].

Voici donc les devoirs qu'il a à remplir :

Il doit : 1° faire ajourner François Bauduin, Jehan Crespin, Loys Marchant et Henry Laumosnier fugitifs et observer à leur égard la forme prescrite par le mandement à lui délivré.

2° Faire saisir les biens de ceux-ci et « autres attains desdites sectes » ; faire vendre les meubles et faire administrer les immeubles par gens solvables, qui en puissent rendre compte et reliquat ; communiquer aux membres du conseil des finances l'estimation desdits biens.

3° Conserver par devers lui le double de la lettre écrite au magistrat d'Arras (celle du 25 janvier 1543), ensemble le double de la commission de l'an 1535, pour s'aider du tout dans le cas où ledit magistrat lui ferait quelque « fascherie ».

4° Faire appréhender Mᵉ Jehan Herlin, et l'interroger de plus près sur les charges existant contre lui.

5° Communiquer aux officiers de l'évêque d'Arras et à l'inquisiteur local les informations qu'il a contre Mᵉ Jehan Féron et Mᵉ Jean Pétillon [3].

6° Avertir les commissaires de Valenciennes des charges qui

---

[1] Pièce 10 du même dossier.

[2] Pièce 11 du dossier d'Arras. Cette pièce est écrite par Pallette lui-même.

[3] Remarquer que tous les individus poursuivis sont qualifiés de maîtres, ce qui indique qu'ils étaient hommes de loi. Il y en avait beaucoup à Arras, le conseil d'Artois siégeant en cette ville.

semblent exister contre Michel Herlin [1], bourgeois de cette ville.

Enfin, le 13 avril 1545, le procès intenté à Laumosnier, Crespin et Marchant reçut sa solution.

Pallette ayant procédé tant contre les susdénommés que contre François Bauduin, « par appeaulx et ajournements », les fugitifs ne se présentèrent point. En conséquence défaut fut requis et adjugé par un premier jugement qui les déclara en état de contumace. Pallette présenta alors ses conclusions sur le fond et le 28 mars, le tribunal s'assembla, pour rédiger la sentence, en la Maison rouge, sur le petit Marché. Comme on peut le conjecturer d'après les pièces ci-dessus analysées, il se composait de plusieurs conseillers d'Artois et des officiers de la Gouvernance.

Aux termes du jugement, destiné à être ultérieurement prononcé par « le commissaire en ceste partie » (c'est-à-dire par le Gouverneur), les quatre jurisconsultes devaient être condamnés à être bannis « à tous jours et à toutes nuyctz » du pays et comté d'Artois, ressors et enclavements d'icelui, et en outre à la confiscation de leurs biens, sur le produit desquels seraient prélevés les frais de justice.

Le 13 avril suivant, les avocats, procureurs, greffiers et receveurs de la Gouvernance, munis des lettres de Messieurs du conseil des finances, se transportèrent vers Jehan de Longueval, seigneur de Vaulx, qui remplissait les fonctions de gouverneur [2], et, exhibant lesdites lettres, lui demandèrent de prononcer le « dictum comme commissaire en ceste partie. »

Longueval leur expliqua alors qu'à la vérité il était tout disposé à faire ce que l'Empereur attendait de lui, mais que cependant il était vivement pressé d'accorder un sursis de quinze jours à Bau-

---

[1] Passage à noter. Il prouve que Michel Herlin, qui, en 1566-67, devait devenir un des chefs de la révolte à Valenciennes, était déjà suspect en 1545. Jehan Herlin est son parent. Nous sommes étonné de trouver celui-ci en semblable compagnie, car nous savons par Pontus Payen que Michel avait à Arras des parents, excellents catholiques, qui lui conseillèrent vivement, au moment du siége de Valenciennes, de se retirer chez eux.

[2] Le gouverneur était Ponthus de Lallaing, seigr de Bugnicourt, chevalier de l'ordre, l'un des meilleurs généraux de Charles-Quint.

duin par les parents et amis de celui-ci, lesquels avaient promis de le faire comparoir avant l'expiration dudit délai.

Les officiers de la Gouvernance, couverts d'ailleurs par le gouverneur, s'étant rendus à cette observation, on se transporta à la Maison rouge, et là Longueval prononça la sentence édictant contre Laumosnier, Crespin et Marchant les peines susdites et accordant à Bauduin un délai de quinze jours, passé lequel, pareil « décret » l'atteindrait, s'il ne s'était présenté [1].

Le 18 avril suivant, Adrien Vignon, procureur de la ville d'Arras et Robert de Penyn, son substitut, se présentèrent d'abord devant le Gouverneur (le seig[r] de Vaulx), puis devant Me Charles de Mons, écuyer, licencié ès loix et lieutenant dud[t] gouverneur, siégeant avec d'autres officiers impériaux en la Maison rouge, et là, ils interjetèrent, au nom de la ville d'Arras, appel tant « de » l'ottroy des lettres et commission dud[t] seig[r] Empereur (adressées » au seig[r] de Vaulx), ensemble « de la sentence et condempnation » renduc par led[t] seig[r] gouverneur, comme commissaire en ceste » partie, sy avant que par lad[te] condempnation les biens des » dessusdicts bourgois avoient esté déclarez confisquiez au » prouffit dud[t] seig[r] Empereur. »

Enfin, le 24 du même mois, ils redressèrent leur appel, s'en désistant en tant qu'il s'appliquait à la commission impériale, en vertu de laquelle le gouverneur avait agi, et le maintenant pour tout le surplus [2].

---

[1] Pièce 12, très-curieuse et d'autant plus précieuse qu'il n'existe pas un seul document relatif à cette affaire, dans les archives municipales d'Arras ni dans les archives départementales du Pas-de-Calais.

Inutile d'ajouter que Baudouin ne se présenta pas et fut condamné au bannissement. Il avait alors 23 ans, étant né le 1er janvier 1520. Ce fut alors qu'il alla trouver Calvin. « Balduinus, natione Atrebas, in adolescentiâ hereris cri- » mine postulatus, *et post fugam proscriptus*, ad Calvinum decurrit (Nicolas » Burgundus. » Ed. d'Ingolstadt, 1629, livre II, 89)

[2] Pièce 13 du dossier d'Arras.

AFFAIRES DE VALENCIENNES.

***

PIÈCES JUSTIFICATIVES.

—

I.

Marie de Hongrie, Gouvernante des Pays-Bas, au protonotaire d'Estrées,
prévôt des églises de Mons et de Nivelles.

Du 26 décembre 1544.

Minute, inédit. — Audience, liasse 25.

MARIE,

Vénérable, très chier et bien amé, advertie que à Tournay estoit appréhendé ung docteur luthérien venant de Strasbourg, nommé maistre Pierre
Brully, qui a secrétement et de nuyt presché tant aud^t Tournay que à Valenchiennes, comme il confesse, sans toutesfois, comme il dit, sçavoir désigner les maisons où il auroit presché, parce qu'il ne cognoist si bien les
maistres desd^{tes} maisons que sur sa déclaration on sçauroit sçeurement
exploiter, et mesmes dit non sçavoir ceulx qui sont esté présens ausd. sermons.

A ceste cause, afin de povoir cognoistre les maistres desd^{tes} maisons et
qui ont esté en ses prédications, nous avons, par ordonnance de l'empereur,
monseigneur et frère, envoyé aud^t Tournay Me Charles Tisnacq, conseiller de
Sa M^{té}, avec bonne et ample instruction, pour plus estroictement interroguer
led^t docteur luthérien et le faire mener aud^t Tournay de rue en rue pour
désigner lesd^{tes} maisons, et, ayant achevé aud^t Tournay, le faire conduire
sçeurement et secrétement aud^t Valenchiennes pour y faire le samblable,

ayant enchargé expressément aud' commis de le faire entrer aud' Valenchiennes, du soir, à l'heure que l'on cloira les portes, et la mesme nuyt, le faire mener ès rues où il a presché, et faire incontinent appréhender les maistres des maisons et aultres qu'il trouvera accusez, et tenir les portes lendemain serrées, tant que on sera asseçuré de ceulx qui seront trouvez culpables.

Et afin qu'il puist estre addressé et assisté de gens entiers et bons chatolicques, desquelz n'est dangier qu'ilz pouroient faire advertence aux suspectz ou les assister pour les sauver, nous vous requérons bien affectueusement, en faveur de nostre sainte foy et conservation de nostre anchienne religion, vous trouver incontinent aud' Valenchiennes, afin que, par vostre moyen et addresse, led' commis peult estre mieulx assisté, lequel se trouvera vers vous avecq plusieurs lettres de crédence que luy avons données, pour user de celles que vous sembleront convenir et estre assisté de gens confidens, desquelz avez mélieure cognoissance que led' commis.

Et si luy avons donné aulcunes lettres de crédence sans suscription pour les addresser à telz que adviserez (comme le tout entendrez plus amplement par led' commis).

Et combien que ne doubtons que, pour les considérations avant dictes, vous y employerez voluntiers, si ferez, en ce, service aggréable à Sa M'é impériale et à nous.

Et sont ces présentes dépeschées par ordonnance de Sad' M'é qui ne les a peu signer, à cause du mal de la goutte qu'il a en la main droicte.

A tant, etc.

Au prothonotaire d'Estrées, provost des églises de Mons et de Nyvelles.

De Gand, le xxvie jour de décembre XV^c LXIIII.

—

II.

La Gouvernante à Mes Jehan Baert et Philibert de Bruxelles.

Du 20 janvier 1545.

Minute, inédit. — Audience, liasse 18.

MARIE, etc.

Très chers et bien amez, par charge de l'empereur, monseigneur et frère, nous vous ordonnons, ceste veue, venir icy pour passer oultre vers Vallenciennes, et avec quelque aultre bon personnaige et aultres commis de Sa Ma-

jesté vaquer et entendre à l'instruction des procès contre ceulx qui se trouveront infectez des nouvelles dampnables sectes, y ayans pullulé puis aucun
temps plus que du passé, suyvent les informations, povoirs et instructions
que Sa Majesté vous fera délivrer. Et qu'il n'y ait faulte.

Très chers et bien amez, etc.

A M^{er} Jehan Baert, conseiller et maître des requestes ordinaires et Philibert de
Bruxelles, aussi conseiller et advocat fiscal ou grand conseil de l'empereur.

De Bruxelles, le xx° jour de janvier XLIIII ¹.

—

III.

L'Empereur au magistrat de Valenciennes.

Du 20 janvier 1545.

Minute, inédit. — Audience, liasse 18.

L'Empereur et Roy.

Chiers et bien amez, nous sommes deuement informez que aucuns bourgeois, manans et habitans de nostre ville de Vallenciennes, sont entachez de
pluisieurs erreurs et hérésyes contre nostre sainte foy chrestienne et les
commandemens et constitutions de nostre Mère Sainte Église, dont nous
donnons merveille, n'ayans contentement que n'avez fait meilleur debvoir
endroit leur appréhention et pugnition, selon la teneur de noz lettres de placcars sur ce publyées.

Par quoy et que désirons de tout nostre cœur pourveoir à l'extirpation des
sectes, nous avons commis le seigneur de Frézin et noz conseilliers Jehan
Baert et Philibert de Bruxelles pour avec M^{er} Pierre de Lièvre et ..... de Mazières cognoistre de ceux que avons fait jà appréhender pour le fait desd.
sectes et faire appréhender tous aultres que, par les confessions d'iceulx appréhendez ou aultrement, deuement ilz trouveront notez ou suspectez desd^{es}
sectes, et les interroguer sur les charges à eulx imposées, et sommyèrement,
sans figure de procès ne observer aucun train ou stil de procéder accoustumé,
mais seullement les ayant oy en leurs deffences, si aucunes en ont, procéder
à leur condempnation ou absolution comme ilz trouveront au caz appartenir,
selon la teneur de nosd. lettres de placcars, lesquelles voulons estre estroictement observées, dont vous avons bien voulu adviser, vous ordonnant et

¹ 1545 N. S.

enchargant très expressement et acertes que ayez à obéyr ausd^{ts} commissaires ou les quatre d'iceulx, en tout ce qu'ilz vous commanderont de par nous, les faisant assister par voz officiers, serviteurs et sergans, de sorte que ayons cause de contentement et que puissiez effacer l'oppinion que auryons contre vous, se y missiez difficulté, longeur ou simulation, car en ce cas nous feryons procéder contre vous comme négligens.

A tant, etc.

A nos chiers et bien amez, les prévost, jurez, eschevins et conseil de nostre ville de Vallenciennes.

De Bruxelles, le xxe de janvier XLIIII [1].

———

IV.

L'Empereur Charles-Quint au protonotaire d'Estrées.

Du 20 janvier 1545.

Minute, inédit. — Andience, liasse 18.

L'EMPEREUR ET ROY,

Vénérable, très chier et féal, ce nous a esté plaisir d'entendre le bon debvoir que avez fait en notre ville de Vallenciennes pour parvenir à la cognoissance et recouvrement de ceulx qui sont infectez des sectes y pullulans, dont vous savons très bon gré, vous requérant bien affectueusement y vouloir continuer et donner toute adresse et assistence au seig^r de Frézin et à noz conseilliers Mes Jehan Baert et Philibert de Bruxelles, que envoyons présentement aud^t Vallenciennes pour cognoistre des appréhendez et d'aultres que l'on polra encoires rattaindre, selon que de nosd commis entenderez, et que verrez estre nécessaire pour pourveoir à l'extirpation desd^tes sectes.

A tant, etc.

A vénérable nostre très chier et féal conseillier, le prothonothaire d'Estrées, prévost des églises de Mons et de Nyvelles.

De Bruxelles, le xxe jour de janvier XLIIII [2].

[1] 1545 N. S.
[2] Id.

———

V.

L'Empereur au duc d'Arschot, gouverneur général du Hainaut, et aux gens de son conseil à Mons.

Du 25 janvier 1545.

Minute, inédit. — Audience, liasse 18.

L'EMPEREUR ET ROY,

Mon cousin, chiers et féaulx, nous sommes deuement et au vray informez que les dampnables sectes et hérésies, qui de longtemps ont pullullé en divers quartiers, s'augmentent journellement de plus en plus, mesmes que pluisieurs de noz subjectz, manans et habitans en nostre quartier de Haynnau et là entour, en sont infectez et tachent de séduire et attirer à leur dampnable oppinion pluisieurs simples gens, en grant injure de Dieu, nostre créateur, de nostre saincte foy catholicque et à la totalle perdition et ruyne des âmes.

Et pour ce que, de tout nostre cueur, désirons parvenir à l'extirpation des sectes et faire pugnition exemplaire de ceulx qui en sont infectez, nous vous ordonnons, commettons et enchargons très expressement et acertes que ayez à faire dilligente inquisition de ceulx et celles qui sont notez ou suspectez desd. sectes, et que quatre de vous de nostre conseil, en l'absence de vous, mon cousin, facent appréhender les culpables pour cognoistre de leurs délictz et mésus, les intérogier et sommyèrement, sans figure de procès ne observer aucun train ou stil de procéder accoustumé, mais seullement les ayant oy en leurs deffences, si aucunes en ont, procéder à leur condempnation ou absolution, selon que vous, ou les quatre d'entre vous, en l'absence de vous, mon cousin, trouverez que faire se debvera par raison selon le teneur de nosd. lettres de placcars sur ce publyées, lesquelles voulons estre estroictement observées sans faulte ou simulation quelconque.

Au surplus, ayant entendu que l'on a amené en nostre chasteau de Mons ung nommé Claude Perceval, naguères prins prisonnier à Condé, la confession duquel vous envoyons cy-enclose, et que vraysemblablement il aura aucuns complices, nous vous ordonnons comme dessus que ayez à le faire plus estroictement interroguer et examiner sur ce point et aultres, selon que trouverez la matière disposée, et en tout faire si bon debvoir qu'on puisse une foiz parvenir à l'extirpation desd^{es} sectes, selon qu'il convient pour l'entretènement de nostre sainte foy chrestienne et que en avons en vous la fyance.

A tant, mon cousin, etc.

A mon cousin le duc d'Arschot, chevalier de mon ordre, lieutenant capitaine général et grand bailly de Haynnau, et nos chiers et féaulx les gens de nostre conseil à Mons.

De Bruxelles, le 25 de janvier 1544 (1545, n. s.)

———

VI.

Les commissaires de Valenciennes à Louis Schore, président du conseil privé.

Du 7 février 1545.

Original, inédit — Audience, liasse 18.

Monseigneur, depuis nostre arrivée en ceste ville de Valenchiennes, advons continuellement besoingnié au faict des prisonniers, suivant la charge qu'il a plu à Sa Majesté nous donner. Néantmoins trouvons que les principaulx de ceste perversse secte nouvelle se sont renduz fugitifz auparavant nostre venue, et pour toute diligence que avons sçeu faire, n'avons sçeu sçavoir en quelz lieux ilz se tiennent, fors de deulx, dont l'ung a nom Estienne Mignon, homme eagié de environ xxv ans, ayant la barbe rousse, lequel, comme avons entendu, se tient en la ville de Bruxelles, auprès de la Chappelle, en la maison de Adam Cardon, couvreur de thieulles, son beau père, tenant la maison qui fut à Me Henry Madoulce, et l'aultre qui a nom Robert Denis, lequel s'est reffugié et se tient, comme entendons, en la ville d'Anvers sur la Lombart-Veste, auprès de l'ours, en la maison d'ung nommé Martin, sans que sacheons son surnom; desquelles choses, monseigneur, avons advisé vous advertir par cestes, affin que, s'il plait à Sa Mte de faire regarder esdu lieux, et après en estre faict ce que de raison et que il plaira à Sa Majesté en ordonner.

Monseigneur, d'aultre part, sommes souvenant que, à nostre partement de Bruxelles, nous dictes de nous envoyer certain mandement pour faire adjourner les reffugiez par édict et procéder contre eulx par bannissement et confiscation de leurs biens, mais n'en advons jusques à présent riens oy. Parquoy vous supplions de en avoir mémoire, aussi qu'il vous plaise nous mander si le bannissement se debvra faire par nous desdu reffugiez de tous les pays de l'Empereur, ou aultrement en particulier [1].

Monseigneur, nous supplions le créateur vous donner sa grâce, nous recommandans humblement à la vostre.

De Valenchiennes, ce viie jour de febvrier XVeXLIIII [2].

Les bien à vostre service,

Loys de Gavre. — J. Baert. — P. de Bruxelles.

Suscription : Monseigneur monseigr le président du conseil privé à Bruxelles

[1] C'est-à-dire : Seulement de la ville et banlieue de Valenciennes.
[2] 1545. N. S.

VII.

Les commissaires de Valenciennes à la reine de Hongrie.

Du 14 février 1545.

Minute, inédit. — Audience, liasse 18.

Madame, enssuyant la charge qu'il a pleust à l'Empereur nous donner, avons besoingnié en ceste ville tant pour examiner les prisonniers detenus auparavant nostre venue, comme de faire apréhender aultres. Et advons trouvé qu'il y avoit très dangereulx commenchement; mais, comme puis nagaires avons escript à Monsʳ le président Schore, les principaulx qui avoient conduict leur malvaise et dampnable entreprinse se sont enffuytz et absentez, et en advons aujourd'huy faict exécuter deux; asçavoir : ung homme sur le marchiet par l'espée, et une femme hors la porte par la fosse [1], esquelles exécuttions faire y avoit grande multitude de poeuple, de tant plus qu'il estoit jour de marchiet, que avions advisé estre le plus commodieux pour donner exemple tant à ceulz de la ville que paysans, dont craindons bon nombre estre infecté. Et advons trouvé une commune fort pacificque tant à la publication des sentences que en exécuttant icelles, et la justice [2] propice et dilligente nous faire toutte assistence, tellement que avons espooir que, par l'exploict desjà faict et ce que l'on polra enssuyvir, ce malvaix commenchement sera fort estaint.

Nouobstant que les criminelz se fondent pour leurs excuses sur l'ignorance et righeur des placcars, si esse que continurons à nostre charge, affin que si bon et obéissant poeuple ne soit distraict et perdu.

Et en nostre regard, Madame, avons faict nostre debvoir pour effonser tout ce que nous a esté possible, comme sommes encoires empeschiez [3], ainsi que Vostre Majesté, (ayant achepvé) [4], entendra plus amplement par nostre rapport.

A tant, Madame, nous pryons très humblement estre recommandez à vostre bonne grâce.

De Valenchiennes, ce xiiiᵉ febvrier XVᶜ XLIIII [5].

Voz très humbles et très obéissans serviteurs,

Loys de Gavre [6], Jehan Baert, et Philibert de Bruxelles.

A la Royne.

[1] Henri Rolland et Jennette Basin, épouse d'Arnoul Cuisenier.
[2] Le magistrat.
[3] Occupés.
[4] C'est-à-dire, nous ayant achevé.
[5] 1545, N. S.
[6] Seigʳ de Frezin, dans le pays de Liége près de Waremme.

VIII.

La reine Marie de Hongrie aux inquisiteurs valenciennois.

Du 21 mars 1545.

Minute, inédit. — Archives générales du royaume de Belgique.
Audience, liasse 18.

MARIE, ETC.

Très chiers et bien amez, nous vous envoyons avec cestes déclaration ou extract sommaire d'aucunes lettres trouvées soubz aulcunes personnes en la ville de Bois-le-Duc par le commissaire envoyé celle part par ordonnance de l'Empereur monseigneur pour prendre information de ceulx qui y peuvent estre infectez des sectes à présent pullulans, vous requérant et par charge de Sa M[te] ordonnant que, led[t] extraict par vous veu et visité, vous ayez à regarder se y pourriez trouver chose à la charge d'aulcuns demourans, résidens ou hantans la ville de Vallenciennes pour en faire le debvoir. Et ce pendant se pourront doubler les lettres mentionnez aud[t] extrait et de ce que l'on aura trouvé davantage, dont en ce cas serez adverty.

A tant, etc.

A Mr Pierre Leliepvre et Antoine de Vaziers [1] commis à la cognoissance des sectes à Vallenciennes, de Bruxelles, le xxie jour de mars 1544 (1545 N. S.)

—

IX.

Notice de la main de Charles de Tisnacq, sur les prisonniers de Valenciennes.

1545.

Autographe, inédit. — Archives générales du royaume de Belgique.
Restitution autrichienne de 1862, liasse 47.

PRISONNIERS EN LA VILLE DE VALENCIENNES.

Jennette Basin, femme de Arnoult Carpentier, appellé par le prédicateur Vérard.

Confesse avoir esté faictes deux prédications en sa maison, l'ugne par Me Pierre et l'aultre par Antoine, mais non à son adveu puisqu'elle n'avoit

[1] Sic au lieu de Mazières.

mandement sur son mary. Avoir chesque fois demourè en sa court estant ou tenant la porte ouverte aux entrans. Confesse led¹ Mᵉ Pierre y avoir mengé une fois et led¹ Antoine aultre.

Jacques Souhier, dict Héro, dict par led¹ prédicateur frère d'Antoine, mais par erreur.

Confesse, comme il demeuroit en la maison de Jérosme, frère d'Antoine, y avoir souppé avec lesd¹ Mᵉ Pierre et Antoine, avoir oüy une prédication, mais non estant allé devers le lieu de la prédication à ceste cause, mais pour aultre affaire, et avoir sçeu que Antoine avoit cydevant abandonné sa mère pour suspection d'hérésie.

JEHANNE GILLE, FEMME DUD¹ JACQUES.

Confesse avoir ouy trois prédications dud¹ Mᵉ Pierre.

JEHANNE DUFOUR, HOSTESSE DU LYON BLANC.

Confesse avoir reçeu à soupper led¹ Mᵉ Pierre et luy avoir donné logis pour une nuyt à sa requeste et avoir souppé avec luy. Ce néantmoins ceste femme se trouve fort plus chargée qu'elle ne veult confesser tant de prédications faictes en sa maison que d'avoir plus longuement logé led¹ prédicateur.

NICOLAS CORDIER.

Confesse avoir reçeu led¹ Mᵉ Pierre à soupper une fois, à la requeste dud¹ Jérosme, frère d'Antoine, avoir esté parlé à la table de l'évangille, avoir aultres fois ouy parler led¹ Jerosme de la saincte escripture.

CLAUDE PERCEVAL, PRINS A CONDÉ ET MENÉ AU CHASTEAU DE MONS.

Confesse avoir demeuré avec la royne de Navarre et ayant aud¹ service prins cognoissance de Antoine Poquet et Bertrand de Mélins, puis avec eulx avoir esté à Straesbourg et avoir illec logé en la maison de Martinus Bucerus ¹, y faisant leur despens l'espace de xxⅢⅠ mois, et avoir illec oüy les prédications de Mᵉ Pierre Brusley jusqu'à trois ou quatre fois. Avoir veu certaine epitre sentant la secte libertine, mais ne l'avoir faicte.

L'on tient comme pour notoire lesd¹ Poquet et de Mélins ² estre adhérens à lad¹ secte libertine.

¹ Martin Bucer, chef de l'Église de Strasbourg.
² Peut-être de Molins.

AFFAIRES DE LILLE.

PIÈCES JUSTIFICATIVES.

I.

L'Empereur aux rewart, mayeur et échevins de Lille.

Du 20 janvier 1545.

Minute, inédit. — Audience, liasse 18.

Chiers et bien amez, pour ce que désirons savoir quel debvoir vous avez fait endroit l'appréhention et pugnition d'aucuns accusez des dampnables sectes, à présent régnant, suyvant les lettres à vous envoyées par nostre conseiller Mᶜ Charles de Thisnacq, nous vous ordonnons bien expressément que, à dilligence, nous advertissez bien amplement et au loing de voz debvoirs et dilligences en ceste partie, par quelles intervalles de temps vous procédez contre ceulx que détenez prisonniers, des noms et surnoms de ceulx qui se sont renduz fugitifs, quelz biens à eulx appartenans avez fait annoter et saisir, et, au surplus, faites procéder à la vendition de leurs biens meubles par cryées et au plus offrant, pour, le tout entendu, vous en mander nostre intention.

A tant, etc.

A noz chiers et bien amez, les rewart, mayeurs et eschevins de nostre ville de Lille.

II.

Le magistrat de Lille à l'Empereur [1].

25 janvier 1545.

Original, inédit. — Audience, liasse 25.

Sire, sy très humblement que faire poons, à vostre très noble grâce vous recommandons.

Sire, vostre très noble plaisir soit de sçavoir que avons dimence dernier reçeu lettres de Vostre Majesté par lesquelles nous avez ordonné que, à dilligence, advertissons Votre M^té quelz devoirs avons faict endroit l'appréhention et pugnition d'aucuns accusez des dampnables sectes à présent régnans, suivant les lettres à nous envoyées par vostre conseillier, maistre Charles de Thisnacq, par quelles intervalles de temps nous procédons contre ceulx que détenons prisonniers, des noms et surnoms de ceulx quy se sont renduz fugitifz, quelz biens à eulx appartenans avons faict annoter ou saisir, et que au surplus feissons procéder à la vendition de leurs biens meubles par cryées et au plus offrant, pour, le tout entendu, nous en mander vostre intention.

Sire, en obéissant au contenu desd^tes lettres, comme tenuz sommes, avons, suiant les lettres de vostre d^t conseillier, faict constituer prisonnier maistre Jéromme Du Mortier et Jéromme de Cacan, lesquelz ont par nous esté interroghiez pluisieurs fois, et aussy estre tenus pluisieurs informations de la vie, conduite et devises desd^tes prisonniers. Et de quoy avons adverty vostre d^t conseillier [2], mesme que ne trouvons led^t maistre Jéromme attaint de avoir contrevenu à voz lettres de placcart. Et aiant par luy [3] le tout veu et remis sups nous de faire comme trouverions par raison, et que, par bonne information par nous tenue, l'avons [4] trouvé estre de vie notable et catholique, yssu de gens vertueulx, le avons eslargy soubz promesse de retourner quand il seroit mandé, à péril de estre convaincu.

Et au regard dud^t Jéromme de Cacan, après pluisieurs debvoirs par nous faictz pour le attaindre plus amplement, ensemble aultres complices, si possible euist esté, vostre prévost de ceste vostre ville l'a mis en Justice pardevant nous, selon le teneur de vosd^tes lettres de placcart. Et y procédons de tierch jour en tierch jour sommièrement et sans figure de procès.

Et quant à Jehan Frémault et maistre Eustasse de Quesnoy, que vostre d^t commissaire avoit aussy mandé constituer prisonniers, ilz s'estoient dez

---

[1] Réponse à la lettre du 20 janvier.
[2] Charles de Tisnacq.
[3] Tisnacq.
[4] Jéromme Du Mortier.

paravant absentez; meismes led' Frémault sortit de prisons, où il estoit détenu, par infraction violente faicte par dehors lesd^ies prysons, à l'assistence de plùisieurs, dont l'un a été exécuté par l'espée et les aultres fugitifz, les biens desquelz Frémault et de Quesnoy ont été annotez, saisis et inventoriez, et à la poursieulte de leurs femmes, parens et amis, vostre d' prévost en a levé la main, à caution souffisante de les remestre soubz la main de justice, quand besoing sera, et se sont opposez à lad' saisine, de sorte que vostre d' prévost a faict demande par escript pour les biens dud' Frémault, et sont en cause pardevant nous, où entendons procéder à brief jour et faire droict et raison, partyes oyes.

Et touchant ledict Jéromme de Cacan, il est povre homme, parquoy led' prévost ne a faict quelque annotation ne saisine.

Suppliant partant en toute humilité à Vostre Majesté prendre et recepvoir nostre response et besoingné de bonne part, et, pour plus ample advertence, se mestier est, envoions vers vostre Majesté l'un de noz pensionnaires garny des affaires que dessus ; et, au sourplus, nous emploierons à toute dilligence de faire observer vostre d^te placcart, pour le bon désir que avons tousjours eu pour extirper de vostre d^te ville les sectes dampnables à l'honneur de Dieu, le créateur, et pour obéir à vostre d^te Majesté, comme obligiez et tenus y sommes.

Sire, Plaise à vostre M^té tousjours nous commander voz très nobles et très vertueulx désirs, à l'acomplissement desquelz désirons nous employer, comme sçet nostre créateur, auquel, sire, prions tenir vostre d^te Majesté en sa saincte garde et octroyer sa saincte grâce.

Escript en vostre ville de Lille, ce xxviiie de janvier XVe XLIIII [1]. Voz très humbles et obéissans serviteurs et léaulx subgectz, les maieur et eschevins de vostre ville de Lille.

———

III.

L'Empereur au prévot de la ville de Lille.

Du 5 février 1545.

Minute, inédit. — Audience, liasse 18.

L'Empereur et Roy,

Chier et bien amé, par ce que les mayeur et eschevins de nostre ville de Lille nous ont escript, en responce des lettres que leur avyons envoyées tou-

[1] 1545, N. S.

chant ceulx qui sont infectez des sectes pullulans, nous avons sçeu que vous auriez naguères consenty mainlevée à caution des biens de Jehan Frémault et Eustace Du Quesnoy, fugitifz pour cas d'hérésie, dont sommes bien esmerveillez, estant chose notoirement contre noz édictz et placcars, meismes pour autant qu'il concerne lesd[ts] biens que les femmes desd[ts] fugitifz ne querellent.

Parquoy vous ordonnons que ayez à resaisir lesd[ts] biens et faire vendre la part et portion d'iceulx fugitifz au plus offrant, et les immeubles faire recevoir par homme resséant, et, si les parens et amis desd[ts] fugitifz se opposent, que nous advertissiez de leur opposition, ensemble des noms et surnoms desd[ts] opposans, et mesmes s'ilz se opposent en leur nom ou au nom des fugitifz, pour après y ordonner comme de raison.

Si ne faites en ce faulte et d'escrire aux gens de noz finances l'estat des biens.

Chier et bien amé, etc.

A nostre chier et bien amé, le prévost de nostre ville de Lille.

De Bruxelles, le ve jour de febvrier XLIIII [1].

—

IV.

L'Empereur au seig[r] de Beaulaincourt, lieutenant de la Gouvernance de Lille.

Du 5 février 1545.

Minute, inédit. — Audience, liasse 18.

L'Empereur et Roy,

Très chier et bien amé, nous sommes advertiz que le prévost de nostre ville de Lille auroit puis naguères consenty mainlevée à caution des biens de Jehan Frémault et Eustace Du Quesnoy, fugitifz pour cas d'hérésie, qui est notoirement contre noz édiz et placcars, mesmes pour autant qu'il concerne lesd[ts] biens, que les femmes des fugitifz ne querellent.

Parquoy escripvons présentement au prévost qu'il ait à faire resaisir lesd[ts] biens et vendre la part et portion desd[ts] fugitifz au plus offrant, et les immeubles faire recevoir par homme resséant, et, si les parens et amys des

[1] 1545, N. S.

fugitiz se opposent, de nous advertir de leur opposition, ensemble des noms et surnoms des opposans, et s'ilz se opposent en leur nom ou au nom desd. fugitifz, pour après y ordonner ce que de raison.

Ce que vous signiffions afin que, quant verrez advenir tel erreur, vous regardez d'y remédier et en advertir comme dessus, sans y faire faulte.

Escript ut suprà.

A nostre très chier et bien amé, le seig^r de Beaulaincourt, lieutenant de la Gouvernance de Lille.

———

V.

La Gouvernante des Pays-Bas au lieutenant du Gouverneur à Lille.

Du 19 avril 1545.

Minute, inédit. — Audience, liasse 26.

MARIE, ETC.

Très chier et bien amé, nous sommes advertie que plusieurs se sont opposez aux procédures qu'avez commenché contre ces suspectz des sectes fugitifz de Lille, tant pour empeschier le denélement [1] des enfantz que aussy la déclaration de la confiscation des biens, qui cause retardement desd^{tes} procédures et que les biens desd^{ts} fugitifz ne sont mis ès mains de l'Empereur monseigneur, comme il apartient suyvant la teneur des placcars sur ce publiez.

Et pour ce que personne ne doibt estre admise à occuper pour un adjourné en personne, et que la cognoissance à vous commise ne s'extend à aultre chose que de procéder selon la teneur des lettres patentes sur ce despeschiées, nous vous ordonnons et de par sa Majesté ordonnons que ayez à continuer lesd^{tes} procédures, d'arrester les défaulx et adjuger la confiscation des biens, selon le contenu desd^{tes} lettres patentes, sans recepvoir en opposition aultres que les adjournez, s'ilz comparent personèlement, et nous advertir des noms et surnoms desd^{ts} opposans, ensemble des causes de leur opposition, pour, icelles veuez, décerner contre eulx, comme fauteurs des héréticques, telle provision que en droit et raison trouverez convenir, sans y faire faulte.

A tant, etc.

Au lieutenant du Gouverneur de Lille, aud^t Lille.

Du xixe jour d'apvril 1545 après Pasques, à Malines.

[1] Dépouillement, spoliation.

———

VI.

Requête des quatre hauts justiciers de la châtellenie de Lille, et des loix des villes de Lille, Douai et Orchies, tendant à l'abolition de la confiscation en matière d'hérésie.

1545.

Copie, inédit. — Archives générales du royaume de Belgique. — Restitution autrichienne de 1862, liasse 47.

A L'Empereur,

Supplient en remonstrant très humblement les quatre haulx justiciers de vostre chastellenye de Lille et les loix des villes dud' Lille, Douay et Orchies pour eulx et les manans esd'es villes et chastellenies que par les loix, privilèges, franchises et coustumes accordez et observez de temps immémorial, jurez, confirmez et approuvez par vostre Majesté et voz très nobles prédécesseurs, tant à leur première entrée et joyeuse réception que par la confirmation des coustumes d'icelle ville et aultrement, les fiefz, héritaiges et aultres biens, estans et gisans esd'es villes et chastellenyes, ne chéent en confiscation ou commise pour quelque délict, félonnie ou cas de crisme que ce soit, ores que ce fût crisme de lèse-majesté divine ou humaine, et à ce propos ont esté par cy devant rendues plusieurs sentences et appoinctemens faictz signamment esd'e cas de lèse-majesté, mesmes sur ce que depuis trois ans en ça le lieutenant de vostre Gouvernance aud' Lille avoit condempné au dernier supplice par l'espée et confisquié les biens dud' manant de lad'e chastellenie de Lille, pour avoir contrevenu à voz lettres de placart publié sur le faict des Luthériens en l'an XVe quarante, dont en auroit esté appellé en vostre chambre de Flandres, les président et gens de vostre dit conseil en Flandres, ausquelz la matière avoit esté commise par vostre M'té, ayans oy les partyes et veu les titres produictz par lesd's suppliants, avoient ordonné que la vente desd'e biens surcéroit jusques en diffinitive[1], nonobstant ce et le droict acquis par lesd's suppliantz, sur ce que vostre d'te Majesté avoit faict naguaires despescher lettres à certain vostre huyssier pour adjourner aulcuns fugitifz qu'il trouveroit chargez d'avoir contrevenu aud' placcart à comparoir en personne en vostre dicte Gouvernance à péril de ban et de confiscation de biens[2], le procureur de lad. ville de Lille et aultres pour leur intérest s'estoient opposez, et

[1] Il s'agit de l'arrêt du 8 janvier 1543.

[2] Ici les requérans visent l'ordre donné à Beaulaincourt de faire ajourner les fugitifs au tribunal de la Gouvernance et de prononcer contre eux la confiscation de biens.

déduict signamment led' procureur ses causes d'opposition quant à lad^{te} confiscation, exhibant pour vériffication de ses faitz grand nombre de tiltres et requérant jour pour faire plus ample exhibition ; à quoy vostre procureur fiscal illec avoit contredit et soustenu lesd^{tes} oppositions ne debvoir estre admiz ou oyz en justice, lequel différent a esté retenu en advis, et depuis lesd^{ts} de Lille avoient présenté requeste à vostre M^{té} afin d'avoir confirmation nouvelle desd^{ts} privilèges , coustumes et franchises, ou du moings ordonner que lesd^{ts} opposans fussent oyz en justice, en suspendant toute exécution jusques à décision de la dic^{te} causé d'appel, sur quoy avoit esté ordonné de exhiber lesd^{ts} privilèges et tiltre pour les veoir et visiter et après y estre ordonné comme de raison, laquelle exhibition avoit esté faicte.

Ces choses considérées et que lesd^{ts} suppliantz, nobles et manans desd^{tes} villes et chastellenies, ont tousjours, comme voz vrays et loyaulx subgectz, désiré et eulx esvertué assister vostre d^{te} M^{té} en ayde et aultrement, de tant plus que à raison de lad. exemption les biens y gisans sont de plus grand valeur et que justice a tousjours esté faicte des transgresseurs du placcart,

Il plaise à vostre M^{té} maintenir lesd^{ts} suppliantz, nobles et manans et aultres qu'il appartiendra, esd^{ts} privilèges, coustumes et franchises, comme ilz ont esté de temps immémorial jusques à présent, en confirmant iceulx pour tous cas de nouvel, ou du moings ordonner que lesd^{ts} opposans soyent oyz en justice sommièrement en suspendant toute exécution jusques à la décision de lad. cause d'appel, en laquelle ilz offrent procéder sommièrement et à briefz jours.

Sy ferez bien et prieront lesd^{ts} supplians pour vostre prospérité.

—

VII.

Le grand conseil de Malines à la reine Marie de Hongrie (avis sur la requête qui précède).

Du 3 mars 1546.

Copie, inédit. — Même liasse.

Madame, nous avons le xxve jour de febvrier dernier reçeu ung pacquet, y enclose une requeste présentée à vostre M^{té} de la part des quatre haulx justiciers de la chastellenye de Lille et les procureurs des villes de Lille, Douay et Orchies, joinctz avec eulx plusieurs tiltres servans pour justiffier icelle requeste et conjoinctement les lettres de vostre M^{té} du xiie de novembre dernier, par lesquelles vostre M^{té} nous ordonne le tout veoir et escripre nostre advis, sçavoir sy l'Empereur, pour obvier aux dangiers et éviter les

inconvéniens apparans à venir en ses pays au moyen des réprouvées nouvelles
sectes, n'auroit à bonne cause indict la paine de confiscation avec dérogation
de tous privilèges et coustumes au contraire, et que en ce les derniers placcars [1] doibvent estre observez, soit que les délinquans ou infectez persistent
en leurs erreurs ou avant le dernier supplice révocquent iceulx, ou se rendent
fugitifz à cause desd[tes] sectes et que contre eulx soit procédé par bannissement et déclaration de lad[te] confiscation, nonobstant les allégations des supplians, et si contre la teneur desd[ts] placcars l'on doibt recevoir les suplians
en justice, et en cas que sy, sy les biens des délinquans ne doibvent estre
saisiz et mis ès-mains de sa M[té], nous commandant sur tout vous escripre
bien amplement ce que trouverions convenir avec les raisons qui nous pour-
roient à ce mouvoir.

Madame, ayant soingneusement visité lad[te] requeste et munimens et mesmement le dernier placcart, nous semble que l'impériale majesté a peu déro-
guer à tous privilèges et coustumes, soubz umbre desquelz l'on vouldroit
prétendre immunité de confiscation, mesmes [2] telles que prétendent les supplians, qui ne sont introduictes que par seulle et nue usance, actendu que sa
M[té], par led[t] dernier placcart, déclaire qu'elle fait ce pour pourveoir et mectre
ordre à ce que ses Pays-Bas soient bien régiz et gouvernez en bonne justice
et pollice, soubz la dévotion de nostre mère saincte église et pour extirper
les erreurs et hérésies qui en aucuns lieux d'iceulx pays ont esté semez et
divulgiez ; et y a moindre difficulté, actendu que sa M[té] dict en ce user de sa
puyssance plainière et absolute, selon laquelle icelle sa M[té] pour si urgente,
nouvelle et tant notoire cause peult tollir tous privilèges, ores qu'iceulx feussent introduictz par concessions ou autre moyen exprès, comme semblent vouloir jurer (?) les suplians par aucuns moyens de leur déduction.

N'est aussy besoing recevoir les suplians en justice contre led[t] dernier
placcart, prins regard à lad. clause de puissance plainière et absolute, et que
les suplians vraysemblablement ne sçaroient alléguer ou produire aultre
chose servant à leur intention qu'ilz n'ont fait par leur dite production, et par
conséquent pourra sa M[té] bien faire annoter, saisir et mectre en ses mains les
biens des délinquans. Bien est vray que, s'il plaisoit à icelle Majesté modérer la
rigueur dud[t] dernier placcart au regard de ceulx qui, auparavant le dernier
supplice révocqueroient leurs erreurs et aucuns autres articles y comprins, et
statuer certaines solemnitez et procédures contre les fugitifz, ce nous sembleroit convenable, renvoyant le tout à vostre réginale Majesté, pour par icelle
en estre ordonné à son noble plaisir.

Et à tant, Madame, suplions le créateur octroyer à icelle vostre Majesté
l'accomplissement de voz très vertueulx désirs.

[1] Sans doute celui du 17 décembre 1544.
[2] Surtout, principalement.

Escript à Malines, le tiers jour de mars anno XVᶜ XLV [1] soubzcript : Voz très humbles et obéyssans serviteurs, les président et gens du grand conseil de l'Empereur.

Et par extraicte du registre de la court collationné et trouvé concorder à icelluy par moy ainsy signé.

BOULLIN.

Et plus bas estoit escript : collationné audᵗ extraict, signé comme dessus, et ce par ordonnance de Mʳˢ du privé conseil le xiᵉ de may 1554, par moy.

BOURGEOIS.

Pièces jointes : une pièce en latin émanant des inquisiteurs et résolvant certains cas.

Une charte du duc Jean de Bourgogne, donnée à Bruges le 30 septembre 1414, affranchissant de toutes confiscations les biens appartenant aux bourgeois et aux bourgeoises de Bruges, etc.

[1] 1546, N. S. — En 1546, Pâques tombe le 5 avril.

AFFAIRES D'ARRAS.

PIÈCES JUSTIFICATIVES.

I.

Le magistrat d'Arras à Charles de Tisnacq.

17 janvier 1545.

Original, inédit — Audience, liasse 18.

MONSEIGNEUR, NOUS RECOMMANDONS DE FORT BON COEUR A VOUS.

Monseigneur, sur ce que depuis naguères Robert Pallette, procureur de l'Empereur en la gouvernance d'Arras [1], nous a remonstré avoir cherge par lettres de vous, comme commissaire ordonné de par l'Empereur, faire saisir, arrester et empeschier les corps et biens de Henry Le Mongnier, maistre Jehan Crespin et Mᵉ François Bauduin, noz bourgois et soubzmanans, comme estans iceulx nottez de la secte luthérienne ou d'autre mésus, icelluy Pallette, assisté du seigʳ de Vaulx, pour l'absence de nostre gouverneur, et de Mᵉ Jehan Bosquillon, lieutenant particulier de ladᵗᵉ gouvernance, et d'Antoine Deroza, advocat, et d'aucuns sergans dudᵗ seigʳ gouverneur et aultres, ad ce aussy évocquiés pour assistens Jehan Docquemaisnil, eschevin, nostre per et compaignon, ait faict extrêmes debvoirs et inquisition pour recouvrer les personnes desdᵗˢ Lemongnier, Crespin et Bauduyn, lesquelz, pour leur absence,

---

[1] Robert Pallette, procureur de la Gouvernance d'Arras, Bapalmes, Avesnes, Aubigny et Fampoux, nommé procureur postulant le 8 juillet 1532, en remplacement d'Alexandre de Flers. (Registre aux commissions d'Artois, fᵒˢ 27 et suivants, Arch. de Bruxelles.)

ne a peu recouvrer ny appréhender, auroit néantmoins led¹ Pallette, suyvant lad¹ᵉ cherge qu'il dit avoir eu par vosd¹ᵉˢ lettres, faict commectre sergans à la garde des biens des dessus dicts, desquels depuis et incontinent avons faict tenir inventoire particulier.

Et pour autant que led¹ Pallette nous a de rechief cejourd'huy déclaré avoir itérative cherge et ordonnance de vous, par aultres voz lettres, de prendre, saisir, arrester et empeschier les biens immoëubles, rentes et héritaiges qu'il trouverra appartenans aux dessus dicts, soit qu'ils soient scitués ès mectes de ceste d¹ᵉ ville, loy, banlieue, escheviuaige ou ailleurs, avons vollu envoier vers la Majesté de l'Empereur et vous, Adrien Vignon, procureur de ceste d¹ᵉ ville, remoustrer que, par les anchiens priviléges de ceste d¹ᵉ ville, jurez et confermez par Sad¹ᵉ Majesté et ses prédécesseurs, contes et contesses d'Artois, les maieur et eschevins de lad¹ᵉ ville ont là cognoissance, cohertion et judicature de tous cas criminelz contre leurs bourgois, et ce à la plainte , semonce et conjure dud¹ seig⁻ gouverneur ou de son lientenant, meismement pour cas de crisme de lèse-majesté humaine, et aussy pour cas d'hérésie, dont jusqu'à présent ilz ont eu la cognoissance, suyvant meismes les lettres de placard de Sad¹ᵉ Majesté, à ces fins décernées dès l'an mil Vᶜ trente cinq auxd¹ˢ maieur et eschevins, et sur leurs remontrances qu'ilz feirent lors à Sad¹ᵉ M¹ᵉ de leurs dis privilièges, de sorte que, conformément auxd¹ᵉˢ lettres de placard, leurs d¹ˢ prédécesseurs en estat, à la conjure dud¹ seig⁻ Gouverneur ou de son lieutenant et nulz autres, ont eu la cognoissance, judicature et cohertion de aucuns de leurs bourgois, aians esté nottez, atainctz et convaincuz desd. hérésies, et ce soulz le ressort et refformation d'appel de messʳᵉ les gouverneur, président et gens du conseil provincial d'Artois ; et sy a, Monseigneur, que, par lesd¹ˢ prévilièges est dict par exprès que confiscation ne a lieu pour les biens des bourgois de lad¹ᵉ ville, où que iceulx soient scituez et assis, et , à cest effect , par les sentences rendues par lesd¹ˢ maieur et eschevins contre aucuns leurs bourgois condempnez au dernier supplice pour crisme de lèse-majesté et aussy pour hérésies, quy ont esté confermées par les sentences d'appel desd¹ˢ seigneurs du conseil d'Artois, n'y a eu aucune adjudication de confiscations pour les biens desd¹ˢ bourgois condempnez.

Et pour ce, Monseigneur, que, par les procédures que a faict led¹ Pallette contre noz dessus d¹ˢ bourgois, tant pour les avoir vollu constituer prisonniers que saisir, arrester et empeschier leursd¹ˢ biens suivant vosd¹ᵉˢ lettres, seroit du tout contrevenu, desrogié et préjudicié à nosd¹ˢ privilièges, à la très grande plaincte, grief et dolléance de nosd¹ˢ bourgois, pour ces causes avons vollu envoier nostred¹ procureur vers Sad¹ᵉ Majesté et vous, affin d'estre confermez en nosd¹ˢ privilièges, et que la congnoissance, judicature et cohertion des dessusd¹ˢ bourgois nous soit réservée et entretenue, et dont offrons, sans quelque faulte ne dissimulation, faire tous bons debvoirs de justice, selon l'exigence des cas dont noz dessusd¹ˢ bourgois se trouveront estre nottez ou suspectz, soit desdictes hérésies ou autres, vous priant que à ces fins, nous voëullés envoier les coppies des inquisitions, procédures, confessions, informations, cherges, indices et suspicions, que polriez avoir contre les dessusd[ts] ou autres de nosd[ts] bourgois, affin de en faire par nous les debvoirs de justice pertinentz, comme estans les dessusdictz noz bourgois, dont partant, selon nosd[ts] privilièges, à nous seullement appartient la cognoissance, judicature et cohertion de tous cas criminelz par eulx commis, et ce à la semonce et conjure dud[t] seig[r] Gouverneur ou de sond[t] lieutenant.

Et oultre, Monseigneur, pour autant que led[t] Pallette nous a déclaré que ce que luy avez baillé cherge dud[t] affaire contre nosd[ts] bourgois a esté pour la suspition quy estoit contre aucuns estans du secret des affaires du conseil de nostre eschevinaige, et que aultrement Sa Majesté nous en euist, conformément à nosd[ts] privilèges et de sond[t] placart, attribué la congnoissance, avons ordonné à notred[t] procureur vous dénommer espéciallement tous ceulx que tenons estre du secret des affaires de nostred. conseil, affin que, si en tenez aucuns suspectez pour ne debvoir estre au conseil de telz affaires, les nous faisant particulièrement déclarer par vous, adviserons tellement de mener l'affaire que leur sera tenue secrète sy avant que en justice en raison conviendra.

Par quoi, Monseigneur, vous plaira en tout et partout nous conserver inviolablement en nosd[ts] privilèges, ce que espérons bien de la clémence de Sa M[té] et de vostre bonne intelligence.

A la reste, Monseigneur, vous plaira croire nostred[t] procureur en ce qu'il vous polra plus avant remonstrer et requerre touchant led[t] affaire.

Quy sera sur ce, Monseigneur, l'endroit où supplions humblement le créateur de vous avoir en sa saincte garde.

Les maieur et eschevins de la ville d'Arras, bien vostres.

D'Arras, ce xvii[e] jour de janvier XV[c] LXIIII [1].

[1] 1545, N. S.

II.

Le magistrat d'Arras à la reine douairière de Hongrie.

Du 17 janvier 1545.

Original, inédit. — Audience, liasse 18.

Madame, supplions très humblement estre recommandez à la bonne grâce de Votre Majesté.

Madame, il est que, par les privillièges de ceste ville, jurez et confermez par la majesté de l'Empereur et ses prédécesseurs, contes et contesses d'Artois, aux maieur et eschevins de ceste ville appartient la congnoissance, judicature et cohertion de tous cas criminelz commis par leurs bourgois, et ce, à la conjure et semonce du gouverneur de lad[te] ville ou de son lieutenant, meismement pour cas de crime de lèze-majesté humaine et pour cas d'hérésie, dont ilz ont jusques à présent aussy eu la congnoissance, et meismes, à ces fins, sur leurs remonstrances faictes à saditte Majesté impérialle de leurs d[ts] prévilièges, ont obtenu lettres de placcart de sad[te] Majesté impérialle dès l'an mil V[c] trente cincq pour debvoir congnoistre desd[tes] hérésies contre leurs d[ts] bourgois, soubz le ressort de refformation par appel des gouverneur, président et gens du conseil provinchial d'Artois.

Aussy, Madame, par lesd[ts] prévilièges n'a lieu confiscation des biens de nosd[ts] bourgois, où que iceulx soient scituez, soit ès mectes de ceste ville, banlieue, eschevinaige ou ailleurs, et pour quelque cas que ce soit.

Madame, pour aultant que, depuis naguères, Robert Pallette, procureur en la gouvernance d'Arras, soy disant avoir cherge tant de bouche que par lettres missives de maistre Charles de Thisenacq, conseillier du grand conseil de sad. Majesté [1], lequel ledict Pallette dict estre commis pour congnoistre et soy informer de ceulx qu'il trouverra estre nottez et chergiez des sectes luthériennes et d'hérésies, a, depuis naguères, faict extrêmes debvoirs et dilligences pour constituer aucuns prisonniers noz bourgois, qu'il dit estre desd[tes] sectes de Lutherres et d'hérésies, meismes que, depuis, led[t] Pallette a faict saisir, arrester et empeschier les biens immeubles, terres, rentes et heritaiges de nosd[ts] bourgois contre (le reste déchiré).

Madame, pour ces causes, envoions Adrien Vignon, procureur général de ceste ville, pour supplier très humblement à sad[te] Majesté impérialle et à la vostre de nous vouloir entretenir en nosd. privilèges tant au faict de la congnoissance de nosd[ts] bourgois que en la non-confiscation de leurs d[ts] biens, offrant, selon que a esté tousjours faict par nous et noz prédécesseurs en

---

[1] Tisnacq était à cette époque conseiller et avocat fiscal au conseil de Brabant.

estat, faire tous bons debvoirs et acquid de justice contre noz bourgois, que trouverrons et sçaurons estre notez et chergés desd. mésus et aultres, sans quelque faveur ou dissimulation, de sorte que sad^te Majesté impériale et la vostre auront bon contentement de nosdits debvoirs et acquid.

Au surplus, Madame, il plaira à Vostre Majesté de nous commander ses très nobles et très haultz désirs, que sommes prestz acomplir, aydant le Créateur, auquel, Madame, supplions vous donner bonne vie et prospérité.

D'Arras, le xviie jour de janvier XV^c XLIIII [1].

Voz très humbles et très obéissans serviteurs,

LES MAIEUR ET ESCHEVINS DE LA VILLE D'ARRAS.

A la Royne.

———

III.

Requête du magistrat d'Arras à l'Empereur.

Janvier 1545.

Original, inédit. — Audience, liasse 18.

A L'EMPEREUR,

Remonstrent très humblement les eschevins de vostre ville d'Arras, comme lad. ville soit chief et capitalle ville de vostre pays et conté d'Artois, en laquelle ville, eschevinaige et banllieuwe d'icelle, iceulx eschevins ont soubz Vostre M^té toutte justice haulte, moyenne et basse, et congnoissance de tous et quelconcques cas et criesmes commis par leurs bourgois, manans et habitans en lad^te ville, eschevinaige et banlieuwe, en vertu des privilèges à eulx accordez et confermez par feuz de très noble mémoire les contes et contesses d'Artois, que Dieu absoille, et par Vostre Majesté impérialle.

Et il soit que naguères, sur ce que iceulx eschevins auroient entendu trois de leurs bourgois et manans estre aucunement notez de la sexte, ou au moings avoir soustenu ou eu communication, bantise ou conversation avec aucun convaincu et attaint de lad. sexte, auroient, à l'advertence de mons^r le gouverneur d'Arras, suyvant les lettres que, ad ces fins, il auroit pleut à Vostre M^té luy escripre, ensemble Charles Thisenactz, conseillier de vostre conseil, commissaire commis par Vostred^te M^té en vostre ville de Tournay pour instruire

[1] 1545, N. S.

et faire les procez d'aucuns prisonniers illecq chergiés d'hérésie, le samedy de nuict, x^e de ce mois[1], fait futter les maisons de Herry le Mongnier, Me Jehan Crépin et Franchois Barduin (*sic*), advocatz, leurs bourgois et manans, et, pour ce qu'ilz n'ont peu recouvrer de leurs personnes pour les constituer prisonniers, y auroient laissié gardes, et le lendemain dimenche au matin à diligence avecq leur procureur et greffier, inventoirié tous leurs biens, pour sçavoir si entre iceulx ilz trouveroient aucuns pappiers, livres ou autres choses concernans hérésie.

Ce néantmoins les dessusd^{ts} ne se sont encorres venus présenter pour eulx justiffier; au contraire sont absentez et ne sçet-l'on recouvrer de leurs personnes, que est grande suspition pour les appeler aux droits de lad. ville.

Pour ces causes, désirans par les remonstrans remédier et éviter pullulation des sextes et hérésies et en faire justice à l'exemple d'aultres, sans port, faveur ou simulation, supplient qu'il plaise à Vostre M^{té} leur faire délivrer les cherges et justifications tenues contre les dessusd^{ts} absentez et autres, sy aucuns en y a de leurs bourgeois chergiés ou attains, en faisant par icelluy s^r Thisenactz, commissaire, les procès de ceulx estans captifz en vostre d^{te} ville de Tournay, affin de par iceulx supplians faire appeller iceulx absentez aux droictz de vostre d^{te} ville, au ce qu'ilz aient pardedens tiez[2] jours qu'il plaira à Vostre M^{té} limitter, comparoir pour eulx purgier, et, en faulte de comparoir, estre procédé à leur semonche, à tous jours et toutes nuicts, à paine de la hart ou du fu (*sic*)[3], selon qu'il plaira à V^{re} M^{té} leur ordonner, et appréhender ceulx qu'ilz trouveront eu leurs mectes[4] pour les pugnir par l'exécution des peines désignées en vostre placcart sur le fait des hérésies, à l'exemple du peuple, le tout à la semonce et conjure dud^t seig^r gouverneur ou de son lieutenant, et soubz le ressort et réformation, en cas d'appel, des gouverneur, président et gens de vostre conseil en Artois.

Sy supplient qu'il plaise à Vostre Majesté entretenir les bourgois de vostre d^{te} ville ou privilége de non confisquier, dont ilz sont en toutes bonnes possessions, suyvant leurs anchiens privilèges à eulz concédez et confermez, apparant d'icelluy par un extraict icy attachié.

Si ferez bien et iceux remonstrans prieront pour Vostre très sacrée Majesté.

[1] Janvier 1545.
[2] Tels.
[3] Feu.
[4] Limites, bornes de la compétence.

IV.

Copie du privilége prétendu par la cité d'Arras, relativement à la non-confiscation de biens. (Annexe de la requéte du magistrat.)

Janvier 1545.

Copie, inédit. — Audience, liasse 18.

Item, quant à la question des confiscations, dont ceulx de lad¹ ville se dient avoir priviliège par feux de bonne mémoire le duc OEude de Bourgogne et madame sa femme, comtesse d'Artois ¹, combien que l'on polroit dire et alleghuier plusieurs raisons et causes contre led¹ priviliège, néantmoins, affin qu e ladicte ville soit plus peuplée et habitée de gens, il plaist à madame que ledict préviliège vaille et tiengne et s'estende en tous les biens des bourgois de lad¹ ville, quelque part qu'ils soient, soulz la puissance, seignourie et domaine de Madame, à cause de son conté d'Artois, est assavoir des bourgois et bourgoises tant seullement demourans et aians leur domicille sans fraude ès termes où mettes de lad¹ Loy, et de leurs enffans estans soubz leur gouvernance et puissance, quelque part qu'ilz demeurent ².

Collation faicte de cest article et extraict hors des accords passés en parlement entre la comtesse d'Artois et messeigneurs mayeur et eschevins de la ville d'Arras et trouvé concorder par moy greffyer.

DASSONLEVILLE, avec paraphe.

---

¹ Jeanne de France, fille de Philippe le Long.

² Il y avait à dire contre ce privilége qu'il avait été accordé à un moment où l'hérésie n'était pas connue, et qu'il ne pouvait dès lors s'appliquer qu'à des cas criminels ordinaires, et non à des cas réservés au souverain, ainsi que le dit Charles-Quint en son apostille.

V.

L'Empereur au magistrat d'Arras.

Du 25 janvier 1545.

Minute, inédit. — Audience, liasse 18.

L'EMPEREUR ET ROY,

Chiers et bien amez, nous avons reçeu vos lettres du xviiᵉ de ce mois, ensemble la requeste que nous avez joinctement fait présenter, afin de vous laisser la cognoissance de voz bourgois, notez et chargez de la secte luthérienne et d'aultres abusives et dampnables sectes, tant au fait de la non-confiscation de leurs biens, conforme à l'extrait d'ung article de voz priviléges y attaché, et que [1] à la pugnition et correction des culpables, selon noz lettres patentes de commission que, le xxiᵉ de may l'an XVᶜ et trente cincq dernier, vous en avons accordé et fait despeschier.

Sur quoy, chiers et bien amez, ne voulons délaisser vous advertir que, ayant le tout fait veoir et meurement examiner en nostre conseil, nous ne trouvons que soyez fondé en vostre dᵗᵉ requeste, en tant qu'il appert clérement par le contenu de nostre dᵗᵉ commission que la cognoissance des transgresseurs de nos édictz et placcars, publiëz au reboutement des sectes réprouvées, appartient à nous et à ceulx ausquelz il nous plaist en commettre la cognoissance, sans que aucun juge ordinaire y puist ou doibve prétendre cognoissance avec séclusion de nous, qui povons reprendre à vous ladᵗ cognoissance et la commettre à telz que bon nous semble, avec ce que, en vous accordant ladᵗᵉ cognoissance, y avons opposé restrissition expresse que serez tenuz observer nosdᵗˢ placcars, et que les confiscations qui en viendront tourneront à nostre prouffit, desquelles confiscations par votre requeste, sans raison ou fondement, prétendez exempter vosdᵗˢ bourgois directement contre la teneur de nosdᵗᵉˢ lettres de placcart.

Parquoy escripvons présentement au lieutenant de nostre Gouvernance à Arras, et est nostre vouloir et intention qu'il ait à continuer les procédures encommencées allencontre aucuns de vos bourgois fugitifs, et s'ilz ne comparent, procéder à la pugnition du ban et confiscation de leurs biens suyvant nosdᵗˢ placcars, sans que en ce vous soit loisible luy donner aucun empeschément. Bien entendu que par ce nous n'entendons empescher que ne puissez procéder contre aultres voz bourgois infectez ou suspectez desdᵗᵉˢ sectes, dont la cognoissance n'est donnée à aultres, selon la commission de l'an trente cincq; si [2] vous

---

[1] Le phrase doit être reconstituée comme suit : *tant au fait de la non-confiscation... que à la pugnition*, etc.

[2] Si — affirmatif.

riglant selon la teneur d'icelle commission et observant estroictement nosd^{ts} placcars et adjugant la confiscation de leurs biens selon le contenu d'iceulx, dont vosd^{ts} bourgois, en crime de lèze-majesté, ne se peuvent exempter en vertu du privilège par vous prétendu.

Si, vous requérons, ordonnons et enchargeons bien expressément et acertes de faire tout bon debvoir et dilligence de vous enquérir de ceulx qui sont infectez ou suspectz desd^{tes} sectes, et les faire pugnir, comme dit est, afin de une fois parvenir à l'extirpation d'icelles sectes.

Et qu'il n'y ait faulte, car aultrement nous conviendra faire procéder contre vous pour vostre négligence. En quoy, espérons, ne nous en donnerez l'occasion.

Chiers, etc.

A nos chiers et bien amez, les mayeur et eschevins de la ville d'Arras.

De Bruxelles xxve de janvier XLIIII [1].

—

VI.

L'Empereur au lieutenant de la Gouvernance d'Arras.

Du 25 janvier 1545.

Minute, inédit. — Audience, liasse 18.

L'Empereur et Roy,

Chier et bien amé, par la copie cy enclose, vous verrez ce que escripvons présentement aux mayeur et eschevins de nostre ville d'Arras, endroit la cognoissance par eulx prétendue touchant leurs bourgois infectez des dampnables sectes y pulullans et la non-confiscation des biens d'iceulx bourgois.

Et pour ce que de tout nostre cueur désirons pourveoir à l'extirpation desd. sectes et faire pugnir exemplairement ceulx qui se trouveront infectez, nous vous ordonnons et enchargons bien expressément que ayez à continuer les procédures par vous encommencées contre les bourgois fugitifz, et, s'ils ne comparent, procéder à la pronunciation du ban [2] et confiscation de leurs biens, suyvant noz édictz et lettres de placcart sur ce publyées, et, au surplus, faire tout bon debvoir pour appréhender tous aultres infectez, leurs complices et adhérens, et, sommyèrement, sans figure de procès ne observer aucun train

1 1545. N. S.
2 Bannissement.

et stil de procéder accoustumé, mais seullement les ayant oy en leurs deffences, se aucunes en ont, procéder à leur condempnation ou absolution, selon
que trouverez que faire se debvera par raison, suyvant la teneur de nos lettres de placcart, que voulons estre estroictement observées sans faulte ou
simulation quelconcque. Et qu'il n'y ait faulte, car ce ..... esté (?).

Chier, etc.

A nostre chier et bien amé lieutenant de nostre Gouvernance d'Arras.

De Bruxelles, ce xxv⁰ jour de janvier XLIIII [1].

VII.

L'Empereur au conseil d'Artois.

Du 25 janvier 1545.

Minute, inédit. — Audience, liasse 18.

L'Empereur et Roy,

Chiers et féaulx, les mayeur et eschevins de nostre ville d'Arras nous ont
escript et fait présenter requeste afin d'avoir cognoissance de leurs bourgois
entachez des sectes y pullullans, ensemble de la confiscation des biens de
leurs bourgois, sur quoy avons fait telle responce que verrez par la copie cy-
enclose, avec le double de la commission de l'an trente cinq [2], en vertu de
laquelle leur avions commis la cognoissance des transgressions de nos édictz
et placcars publyés au reboutement desd^tes sectes, dont nous vous avons bien
voulu adviser, afin que, de vostre costé, faites faire tout bon debvoir pour
parvenir à la cognoissance de ceulx qui peuvent estre infectez desd^tes sectes,
ensemble ou aultrement notez et suspectez d'icelles, et sommyèrement, sans
figure de procès ne observer aucun train ou stil de procéder accoustumé,
mais seullement les ayant oy en leurs deffences, si aulcunes en ont, procéder
à leur comdempnation ou absolution, selon qu'on trouvera que faire se debvera par raison, selon la teneur de nosd^tes lettres de placcars, que voulons
avoir estroictement observez, sans déport, faulte ou simulation quelconque.

Chiers, etc.

A noz amez et féaulx les gouverneur, président et gens de nostre conseil en
Artois.

[1] 1545. N. S.
[2] Nous ne l'avons pas.

VIII.

L'Empereur au magistrat de la ville d'Arras.

Du 6 février 1545.

Minute, inédit. — Audience, liasse 18.

L'EMPEREUR ET ROY,

Chiers et bien amez, nous avons donné charge à nostre procureur de la Gouvernance d'Arras de procéder contre ceulx qui sont infectez ou suspectez d'hérésie, soient bourgois ou aultres manans et habitans de nostre ville d'Arras ou là entour, suyvant noz lettres de placcart, comme de luy entendrez.

Si vous ordonnons et expressément enjoignons que, incontinent et sans delay, ayez à luy délivrer toutes informations que avez contre lesd¹ˢ infectez ou autrement suspectez, sans y faire faulte, comme qu'il soit sur autant que désirez nous obéyr et non estre notez de faveur aux hérélicques.

A tant, etc.

De Bruxelles, le vɪᵉ de février XLIIII ¹.

Aux mayeur et eschevins de la nostre ville d'Arras.

IX.

Réponse de l'Empereur sur la requête de ceux d'Arras.

Du 4 mars 1545.

Minute, inédit. — Audience, liasse 19.

La cognoissance de ceulx qui contreviennent aux placcars publiez pour l'entretènement de nostre saincte religion contre les sectes réprouvées appartient à l'Empereur comme souverain et à ceulx à qui sa Majesté, pour le tamps, en veult donner commission, sans que en ce on puist prétendre aulcun privilège.

Et combien que sa Majesté, pour mieulx extirper les mauldites sectes, par les dis derniers placcars ayt parmis la cognoissance à tous juges ordinaires, par

¹ 1545, N. S.

ce n'est empesché de donner commission particulière, quant bon luy semble.

Parquoy les supplians n'ont cause de eulx plaindre de la commission donnée au procureur de la Gouvernance d'Arras, laquelle ne les empesche de procéder contre les aultres qui ne sont adjournez par led[t] procureur, suyvant les placcars dont ilz se doibvent contenter, sans troubler les procédures commenchées par led[t] procureur, que sa M[té] veult estre continuez.

. Faict à Bruxelles, le iiii[e] jour de mars XV[c] XLIIII [1].

Une lettre cloise au gouverneur d'Arras de prendre bon advis quant il procédera contre les infectez, afin de faire bonne et droiturière justice, en y appellant gens de bien et non suspectz.

———

X.

La Reine de Hongrie au seig[r] de Vaulx, gouverneur d'Arras.

Du 5 mars 1545.

Minute, inédit. — Audience, liasse 19.

Marie, par la grâce de Dieu, royne douaigière de Hongrie, de Bohême, etc., régente,

Très chier et bien amé, les eschevins d'Arras se sont doluz de la commission accordée au procureur général de la Gouvernance d'Arras de procéder contre aucuns bourgeois dud[t] Arras, fugitifz et autres, accusez ou suspectz des perverses et dampnables sectes à présent régnans.

Et, pour ce que l'intention de l'Empereur, Monseigneur et frère, est que les procédures encommencées par sondit procureur voisent avant et soyent continuées suyvant l'appostille mise sur la requeste desd[ts] d'Arras, nous vous en avons bien voulu advertir, vous requérant et néantmoins de par Sa M[té] ordonnant, (afin de en ce donner ausd[ts] d'Arras tant plus grande satisfaction et que puissiez faire bonne et droicturière justice), que vous ayez à prendre bon advis quand procéderez contre les infectez.

Et n'y veuilliez faillir.

A tant, très chier et bien amé, nostre Seigneur vous ait en garde.

De Bruxelles, le ve jour de mars, anno 1544 [2].

A nostre très chier et bien amé, le seig[r] de Vaulx, gouverneur et capitaine des ville, cité et gouvernement d'Arras.

[1] 1545, N S.
[2] 1545, N. S.

———

XI.

Instructions données à Robert Pallette, procureur de la Gouvernance d'Arras, touchant Henri Lemonnier, Jehan Crespin, François Bauduin, Loys Marchant, Jehan Herlin, Jehan Féron, Jehan Pétillon, tous d'Arras, et Michiel Herlin, de Valenciennes.

Du 6 février 1545.

Copie de la main de Pallette, inédit. — Audience, liasse 25.

COPPIE.

Le procureur de la Gouvernance d'Arras fera adjourner, en vertu du mandement à luy délivré, M⁺ Françoys Bauduin, M⁺ Jehan Crespin, M⁺⁺ Loys Marchant et Henry Mongnier, fugitifz pour suspicion des sectes réprouvées et observera la forme dudict mandement contre eulx.

Led⁺ procureur fera saisir les biens des dessusdictz fugitifz et aultres attains desdictes sectes et leurs meubles fera vendre au plus grant prouffit et les immeubles administrer par gens réséans et solvens, qui en polront rendre compte et reliqua, et advertira ceulx des finances de l'extimation desd. biens.

Aussy, led⁺ procureur prendra avec luy le double des lettres dernièrement escriptes à ceulx de la ville d'Arras et de leur privilège de l'an XXXV dernier, pour s'en servir, si ceulx de ceste ville luy faisoient quelque fàcherie.

Led⁺ procureur fera aussi appréhender M⁺ Jehan Herlin et le fera estroictement interrogbuier sur les suspicions militantes contre luy.

Aussy led⁺ procureur communicquera aux officiers de Monseigneur d'Arras et à l'inquisiteur les informations qu'il a contre M⁺ Jehan Féron et M⁺ Jéhan Pétillon, affin de y faire leur debvoir.

Et sera escript à ceulx de la ville d'Arras de donner coppie aud⁺ procureur de touttes informations qu'ilz ont touchant ceux quy sont infectez ou suspectez de hérésies, soient bourgois ou aultres, sur autant que désirent obéyr à Sa Majesté et non estre notez de faveur aux hérétiques.

Et advertira led⁺ procureur les commissaires de l'Empereur estans à Vallenchiennes de ce qu'il a à la cherge de Michiel Herlin, demourant à Vallenchiennes.

Ainsy advisé à Bruxelles, le vi⁺ jour de febvrier l'an XV⁺ et quarante quattre [1].

Plus bas estoit escript par ordonnance de Sa Majesté, signé : VERREYKEN.

Collation est faite par moy, Robert Pallette, procureur d'icelle Gouvernance et soubzsigné.

PALLETTE, avec paraphe.

1 1545, N. S.

XII.

Sentence de bannissement contre Lemonnier, Marchant, Crespin et Bauduin.
Ratification par le gouverneur en ce qui concerne les trois premiers. Sursis
de 15 jours à Bauduin.

Des 28 mars et 13 avril 1545.

Copie, inédit. — Audience, liasse 26.

Extrait du registre aux dictums de la Gouvernance d'Arras.

Veues les informations et aultres procédures faictes et tenues pour justice
allencontre de Henry Lemosnier, Me Jeban Crespin, François Bauduyn, et
Loys Marchant, licentié ès loix, suyvant les lettres closes de l'Empereur,
nostre sire, envoyées à nostre prédécesseur en office par honorable homme
Me Charles Tissenacq, licentié ès loix, conseillier en sa chancellerie en Brabant avecq celles d'icelluy commissaire; décret et ordonnance dud' seigr Empereur, faictes sur lesd. informations d'actes, du sixiesme de febvrier dernie; ;
les lettres patentes en vertu desquelles on auroit procédé par adjournemens
et appeaulx contre les dessus dicts; lesd. deffaulx et contumasse contre eulx
obtenus par le procureur dud' seigr Empereur en la Gouvernance d'Arras; la
conclusion dud' procureur et tout considéré;

Nous, commissaire en ceste partie, eu sur ce conseil et advis, avons, eu
enssuivant les décrets, ordonnances et lettres patentes pour le prouffict desdts
deffaulx et contumasses, banny et bannissons lesd. Lemosnier, Crespin,
Bauduyn et Marchant, à tousjours et à toutes nuyctz, du pays et conté d'Artois, ressors et enclavemens d'icelluy, sur les peynes indites par les placcars
et ordonnances dud' seigr Empereur sur le faict des hérèticques, en déclarant
leurs biens confisquiez au prouffict dud' seigr Empereur, sur lesquelz se pren-
dront préalablement les mises de justice.

Fait et délibéré en la Maison rouge (à) Arras, le xxviiie jour de mars
XVe XLIIII [1] par plusieurs notables conseillers, présent les officiers de l'Empereur en ladte Gouvernance.

Le treiziesme jour d'apvril quinze cens quarante cinq aprèz Pasques, les
advocat, procureur, receveur et greffier de la Gouvernance d'Arras se seroient
transportez vers hault et puissant seigneur, messire Jehan de Longueval,
chevalier, seigr de Vaulx, gouverneur des bailliages d'Arras, Avesnes et
Aubigny, à intention de voulloir faire décréter et prononchier le dictum cy

[1] 1545 N. S. En 1545 Pâques tombe le 5 avril.

dessus comme commissaire en ceste partie, en enssyeuvant les lettres escriptes aud. procureur et recepveur par messᵣˢ des finances, monstrées et exhibées aud. seigʳ.

Sur quoy, il auroit faict responsse qu'il estoit prest fournyr à l'ordonnance de l'Empereur, toutesfois estoit fort pressé des pareus et amys de Mᵉ François Bauduyn volloir surcéir une quinzaine duquel tequel temps ilz luy avoient promys le faire comparoir, à raison de quoy se seroient par ensemble transportez en la Maison rouge, sur le petit marchié d'Arras, ou ledᵗ dictum auroit esté prononchié pardevant luy au regard desd. Lemosnier, Crespin et Marchant seulement, et, quant audᵗ Bauduyn auroit esté délayé, à peyne que, en deffaulte de comparoir en dedans ledᵗ temps, faire semblable décret contre luy, déclarant par ledᵗ seigneur ausdᵗˢ que de ce il les feroit deschargier, s'ils en estoient inquiétez.

Ainsy faict les jour et an dessus dictz.

Collation faicte.

DESAUTERS.

——

XIII.

Appel interjeté par la ville d'Arras contre la sentence qui précède.

18 et 24 avril 1545.

Copie, inédit. — Archives du royaume de Belgique. — Liasse 26 de l'audience.

Extrait du registre de la Maison rouge à Arras, ce que s'enssieult.

Aujourd'huy, dix huitiesme jour d'apvril quinze cens quarante cincq après Pasques, pardevant Mᵉ Charles de Mons, escuyer, licencié ès loix, lieutenant de M. le gouverneur des bailliages d'Arras, Avesnes et Aubigny et les officiers de l'Empereur en ladᵗ Gouvernance;

Est comparu en la Maison rouge à Arras Adrien Vignon, procureur de ladᵗ ville d'Arras et Robert de Penyn, substitud, joinctement en personnes, lesquelz ont remonstré que ledᵗ jourd'huy ilz se sont transportez vers hault et puissant seigneur messire Jehan de Longueval, chevalier, seigʳ de Vaulx, gouverneur desdᵗˢ bailliages d'Arras, Avesnes et Aubigny, auquel ilz ont déclaré que par les privilèges de la ville d'Arras, jurez et confermez par l'Empereur, n'y a aulcune confiscation des biens des bourgeois de ladᵗ ville, pour quelque mésus ou crisme que lesdᵗˢ bourgois soient justiciez ou condempnez et où que lesdictz biens soient scituez, néantmoins ont ledᵗ mayeur et eschevins de ladᵗ ville esté advertyz que ledᵗ seigʳ gouverneur, à la conclusion du procureur de l'Empereur en lad^t Gouvernance d'Arras, syeuvant certaine commission et charge que led^t s^r gouverneur a dud^t seig^r Empereur, a banny du pays d'Artois, resors et enclavemens d'icelluy, Henry Le Mosnier, maistres Jehan Crespin et Loys Marchant, bourgois de lad^te ville, et admis et confisquez leurs biens aud^t seig^r Empereur.

Et pour autant que c'est directement contre lesd^ts prévilèges de non confisquier, pour la conservation de leurs d^ts prévilèges, iceulx Vignon et de Penyn se sont portez pour appellans de l'octroy des lettres et commission dud^t seig^r Empereur, ensemble de la sentence et condempnation rendue par led^t seig^r gouverneur, comme commissaire en ceste partie, sy avant que par lad^te condempnation les biens des dessus dictz bourgois sont déclairez confisquiez au prouffit dud^t seig^r Empereur, et d'autres tortz et griefz à eulx inférez à déclairer en temps et lieu, protestans par iceulx, appellans de réparation de tous griefz et attemptas, comme il appartiendra, dont ilz ont requis lectres que leur avons octroié.

Ainsi faict led^t jour et an dessus dictz.

Du vingt quatriesme jour d'apvril oud^t an quarante cincq, pardevant lesd^ts de Mons et officiers, led^t Adrien Vignon est de rechef comparu en la Maison rouge à Arras, lequel a déclairé que, suyvant la charge qu'il avoit des eschevins dud^t lieu, qu'il se entretenoit en l'appel par luy interjecté le dix huitiesme dud^t mois dernier, saulf en tant qu'il touche de l'octroy de lad^te commission dud. seig. Empereur, dont il se seroit restrainct et depporte.

Ainsi faict led^t jour et an dessus dictz.

Collation faicte.

N. DESAUTEL, avec paraphe.

TABLE DES MATIÈRES.

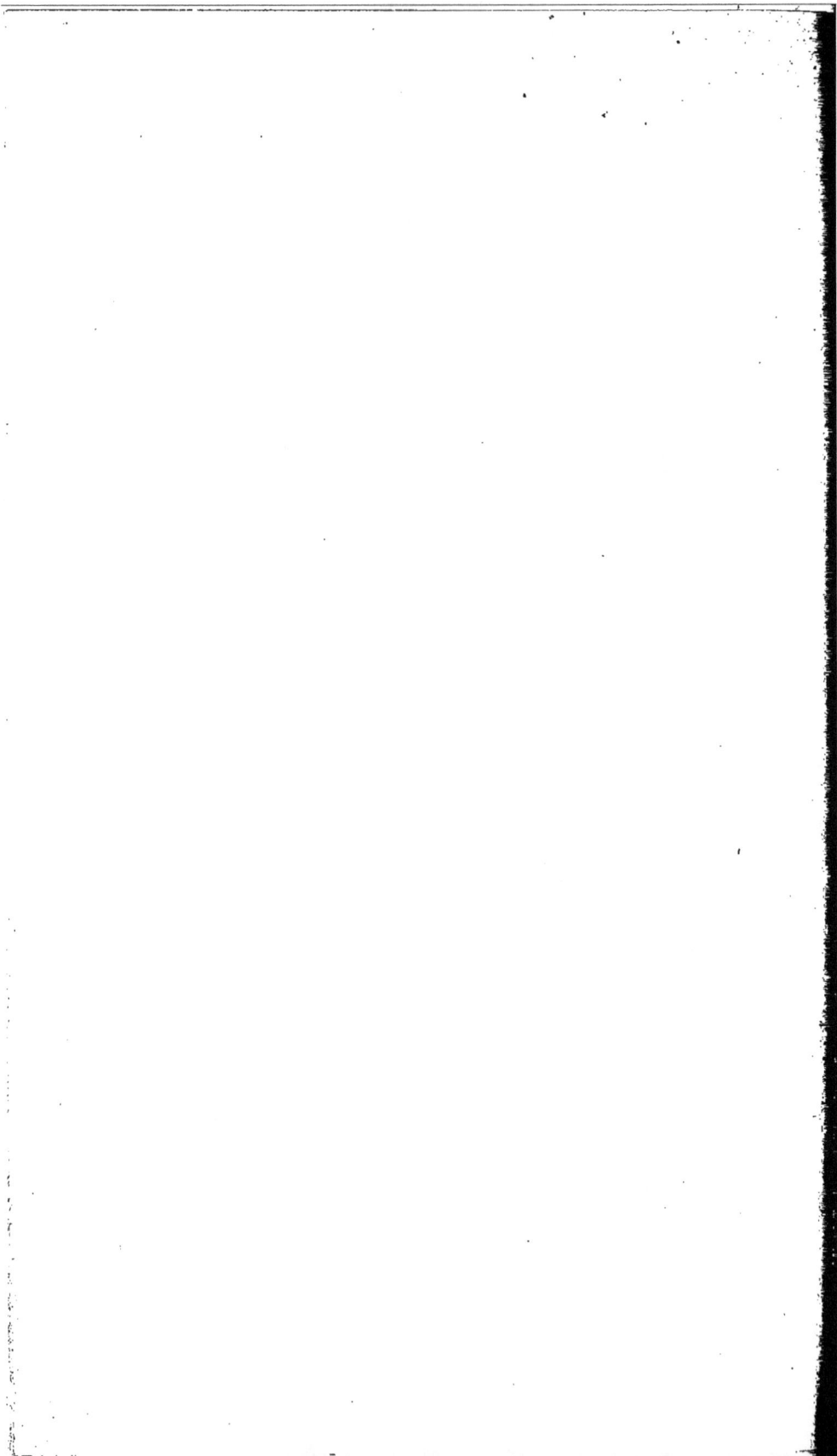

www.ingramcontent.com/pod-product-compliance
Lightning Source LLC
Chambersburg PA
CBHW072020080426
42733CB00010B/1765